L'ÉGYPTE
DES DÉESSES ET DES DIEUX

Une production TROIS-CONTINENTS
L'ensemble des documents publiés dans cet ouvrage
provient des archives appartenant à EDITA S.A.
Office du Livre, Compagnie du Livre d'Art, C.L.A.

© 1999 - TROIS-CONTINENTS pour tous pays et toutes langues.
Toute reproduction, même partielle, interdite sans autorisation
expresse.
Droits de reproduction réservés aux organismes agréés ou
ayants droit.
ISBN : 2-8264-0160-2
EAN : 9782826401605

FR 23,193 X

L'ÉGYPTE DES DÉESSES ET DES DIEUX

TROIS-CONTINENTS

SOMMAIRE

LES DYNASTIES DIVINES	9
Les dieux cosmiques	9
Les successeurs de Rê	33
Osiris et son cycle	34
Le jugement d'Osiris	51
Les différents visages d'Horus	57
LES DYNASTIES DES DEMI-DIEUX ET DES MANES	69
LA CHRONOLOGIE LÉGENDAIRE	71
LES DIEUX DE A À Z	77

INTRODUCTION

Les anciens Égyptiens désignaient souvent leur pays du nom de «ta noutri», c'est-à-dire, la terre des dieux.

Les cultes religieux apparaissent dès 4 000 ans avant J-C. et déjà on constate une confusion extrême et un évident manque d'unité dans la conception et dans la représentation des dieux. Dès la préhistoire, chaque localité est représentée par une divinité particulière dont les plus importantes prennent le statut de dieux nomiques lors de la création des principautés régionales, les nomes. Ces nomes finissent par se regrouper pour former les deux royaumes de Haute et Basse-Egypte avec leurs deux dieux symboliques, respectivement Seth et Horus. A l'époque de l'unification du royaume, le pharaon Ménès réunit en sa personne les deux divinités royales, mais le nom d'Horus impose bientôt sa prédominance sur Seth et sur tous les dieux locaux qui restent néanmoins les légitimes possesseurs du sol.

Ce système d'assimilation des divinités entre elles reste l'une des principales caractéristiques du panthéon égyptien, mais elle est une source infinie de confusion. Les dieux changent souvent de nom, de fonction et même d'apparence. Certains ont plusieurs noms et plusieurs apparences. La plupart sont pourtant relativement identifiables car ils conservent les traces de leur origine totémique lorsque l'animal symbolique d'une région illustrait une croyance religieuse.

Généralement la divinité possède un corps humain et une tête animale, mais elle peut, comme Hathor, conserver son corps de vache complet ou seulement les cornes fichées dans une coiffure.

Le chat est également une divinité ancienne récupérée plus tardivement si l'on en juge par le grand nombre de momies datant de l'époque gréco-romaine.

Outre ces divinités inférieures, il faut ajouter des plantes et des objets déifiés, des démons et des génies

populaires, comme le dieu du foyer Bès, des dieux étrangers
«égyptianisés». On trouve encore de grands hommes divinisés
comme Imhotep, l'architecte de Djéser devenu dieu des scribes
et plus tard dieu de la médecine identifié au grec Asclépios,
ou comme Amenhotep, fils de Hapou, vizir de la dix-huitième
dynastie, scribe royal et ami personnel d'Aménophis III.

L'ŒIL MAGIQUE «*OUDJAT*» QUI SIGNIFIE «GUÉRI» EST UNE AMULETTE PUISSANTE QUE L'ON
GLISSE DANS LES BANDELETTES DE LA MOMIE. ELLE RAPELLE LA BLESSURE QUE SETH
INFLIGEA À HORUS, BLESSURE QUE THOT PUT SOIGNER. C'EST UN GAGE D'INTÉGRITÉ
DE CORPS INDISPENSABLE POUR LA RENAISSANCE DANS L'AU-DELÀ.
CE DÉTAIL DU CERCUEIL DU CHEVALIER NAKTI FIGURE DEUX YEUX «*OUDJAT*» POUR
QUE LE MORT PUISSE VOIR LE MONDE. ILS LUI GARANTISSENT SON INTÉGRALITÉ.
VERS 1988 AV. J.-C., MUSÉE DU LOUVRE, PARIS.

PAGE DE GAUCHE :
ANUBIS LE CHACAL,
DEVANT LE
PHARAON.

Les dynasties divines

Les dieux cosmiques

Les premiers rois furent, au dire de la légende, des grands dieux d'Egypte, suivant le cycle qui avait été établi dans le sanctuaire d'Héliopolis, une des plus anciennes métropoles religieuses du pays ; ce cycle se composait d'une ennéade, c'est-à-dire d'un groupe de neuf dieux et déesses, et fut adopté dès l'Ancien Empire par tous les autres centres religieux de la vallée du Nil, qui se contentèrent de mettre à sa tête leur dieu local. La liste que nous donne Manéthon, grand prêtre d'Héliopolis au IIIe siècle avant J-C., et qui doit être d'origine memphite, place donc au premier rang des rois-

CI-DESSOUS :
DÉTAIL DU
SARCOPHAGE
D'IRTIERU,
BASSE ÉPOQUE,
VERS VI-Ve SIÈCLE
AV. J.-C.,
MUSÉE NATIONAL
D'ARCHÉOLOGIE,
LISBONNE.

dieux Héphaistos, Ptah, le grand dieu de Memphis, le démiurge, celui qui forma l'homme du limon de la terre, qui le modela à la main, de même qu'à l'autre bout de l'Egypte, c'était Khnoum d'Eléphantine qui l'avait façonné sur le tour de potier. Cette mention du dieu créateur comme premier roi d'Egypte est une indication très précise du fait que les habitants de la vallée du Nil se considéraient comme autochtones et croyaient que le premier homme avait été créé dans le pays même. Sur le papyrus de Turin, le premier nom royal a disparu.

Nous ne savons rien de ce règne de Ptah, qui probablement, sitôt son œuvre créatrice terminée, céda la place à son successeur Rê, le Soleil, le grand dieu d'Héliopolis et de la plupart des villes d'Egypte, chargé d'assurer l'existence et le développement de cette humanité primitive. Celui-ci, pendant son long règne, parcourait journellement ses domaines pour les constituer, les organiser et répandre sur ses sujets ses dons et ses bienfaits, mais tous ses efforts ne réussirent pas à lui attirer la reconnaissance de ces êtres primitifs, encore plus qu'à demi sauvages, ni même celle de ses descendants

LA DÉESSE SETHMET DANS LE TEMPLE DE KARNAK. CETTE DIVINITÉ FÉMININE À TÊTE DE LION S'EXPRIMAIT AINSI : «QUAND JE MEURTRIS LES HOMMES, MON CŒUR EST EN LIESSE».

directs, les dieux, qui commençaient à se multiplier autour de lui. Ce roi-dieu était en une certaine mesure un homme, son grand âge l'avait considérablement affaibli, et, suivant les expressions pittoresques d'un texte égyptien, ses os étaient maintenant en argent, ses chairs en or, ses cheveux en lapis-lazuli ; sa bouche tremblait, sa bave ruisselait vers la terre, sa salive dégouttait sur le sol. Profitant de cette décrépitude sénile, Isis, déesse de rang inférieur, employa les moyens les plus déloyaux pour lui arracher le talisman le plus précieux qui lui restât, le secret de son nom magique, grâce auquel elle comptait acquérir une puissance supérieure à celle des autres dieux. Les hommes eux-mêmes s'étant mis à conspirer contre leur débonnaire souverain, Rê se décida à faire un exemple, et après avoir consulté le conseil de famille, l'assemblée des dieux, il dépêcha Sekhmet, la déesse à tête de lionne, avec ordre de les massacrer sans pitié, ce dont elle s'acquitta

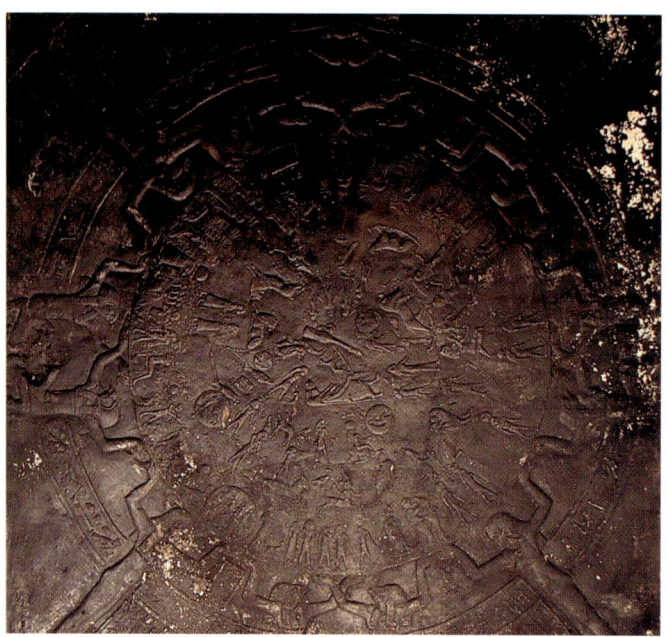

consciencieusement ; la nuit seule l'arrêta dans sa course meurtrière, et Rê, contemplant le résultat obtenu, fut pris de pitié et résolut d'épargner le reste des humains ; pour apaiser la déesse ivre de carnage, il fit mélanger de la bière et du suc de mandragores au sang des hommes et déverser autour d'elle une quantité considérable de ce liquide ; à son réveil, Sekhmet aperçut ce breuvage, le but, s'adoucit, s'enivra et oublia ses victimes. Rê avait pardonné aux hommes qui se repentaient mais, fatigué de régner, il abdiqua et se choisit une retraite inaccessible sur le corps de la vache Nout, déesse du ciel, sa fille ; depuis lors, chaque jour, la barque qui le porte navigue sur les flancs de l'animal céleste pour se perdre à la nuit dans son corps-même et reparaître le lendemain : le roi-dieu est devenu définitivement le dieu-soleil.

CI-DESSUS ET PAGE DE DROITE : DÉTAILS DU PLAFOND DU TEMPLE D'HATHOR À DENDERA. A DROITE, LA DÉESSE NOUT AVALE LE SOLEIL COUCHANT ET CRÉE LE SOLEIL LEVANT AU MATIN DONT LES RAYONS ILLUMINENT LE TEMPLE SYMBOLISÉ PAR LA REPRÉSENTATION D'HATHOR. ÉPOQUE GRÉCO-ROMAINE. 1ER SIÈCLE AV. J.-C.

13

CI-CONTRE :
PENDENTIF DE
TOUTÂNKHAMON
EN FORME
DE SCARABÉE,
SYMBOLE
DU SOLEIL MATINAL.

EN BAS, ET CI-CONTRE : CRÉATION QUOTIDIENNE DU SOLEIL QUI SORT DES ENTRAILLES DE NOUT, «MÈRE DU SOLEIL». TOMBE DE RAMSÈS VI, VALLÉE DES ROIS, THÈBES.

LES ÉGYPTIENS IMAGINAIENT LA VOÛTE CÉLESTE COMME
UNE FEMME COURBÉE AU-DESSUS DU MONDE.
NOUT, LA DÉESSE DU CIEL ICI DÉDOUBLÉE POUR PERMETTRE DE
REPRÉSENTER EN UNE MÊME FIGURE LE CIEL DIURNE ET
LE CIEL NOCTURNE.
DANS LES ESPACES SOMBRES, SOUS LE CORPS DE LA DÉESSE,
LES BARQUES MARQUENT DIFFÉRENTES ÉTAPES DU VOYAGE DU SOLEIL
DURANT LE JOUR ET LA NUIT.
LA FOULE DE PERSONNAGES EST CELLE DES DIEUX
QUI L'ACCOMPAGNENT OU QU'IL RENCONTRE AU COURS DE SON PÉRIPLE.

PAGE DE DROITE ET DOUBLE PAGE SUIVANTE :
REPRÉSENTATION DE LA VOÛTE CÉLESTE ET DE LA CRÉATION
DU SOLEIL. TOMBEAU DE RAMSÈS II, VALLÉE DES ROIS.

LA BARQUE SOLAIRE COMMENCE SON VOYAGE À TRAVERS LE CORPS ÉTOILÉ DE LA DÉESSE MOUT QUI VIENT D'AVALER LE DISQUE SOLAIRE. TOMBE DE RAMSÈS VI, VALLÉE DES ROIS, THÈBES.

On discerne sans peine dans cette légende le souvenir d'un de ces cataclysmes qui bouleversèrent toute une partie du monde, comme ce déluge dont parlent les textes chaldéens aussi bien que la Bible, qui dévasta la Mésopotamie et les contrées avoisinantes tout au moins. Il était fort naturel que des désastres de cette nature soient considérés comme le châtiment d'une humanité mauvaise et que, les dieux une fois apaisés, ils pardonnent aux survivants et fassent avec eux un nouveau pacte, permettant à ces derniers de racheter leurs fautes par des sacrifices au lieu d'avoir à les expier par la mort des coupables. De même que Yahveh avait exigé de Noé un holocauste, c'est Rê lui-même qui, avant de monter au ciel, avait institué la coutume du sacrifice, première base du culte que les hommes devraient rendre aux dieux.

TOUS LES DIEUX LORSQU'ILS
SE DÉPLACENT, UTILISENT DE
PRÉFÉRENCE LE NAVIRE
COMME MOYEN DE TRANSPORT.
C'EST ÉGALEMENT EN BARQUE
QUE LES DIEUX SORTENT DU
TEMPLE EN PROCESSION POUR
SE MONTRER AUX FIDÈLES.
CETTE BARQUE N'ÉTANT PAS
DESTINÉE À NAVIGUER :
ELLE ÉTAIT PORTÉE
PAR DES PRÊTRES SUR
LEURS ÉPAULES,
TEMPLE D'EDFOU.

CI-DESSUS :
BARQUE SOLAIRE DE KHÉOPS MESURANT 42 M DE
LONG SUR 5 M DE LARGE.
LES BARQUES MATÉRIALISENT LE VOYAGE DU
DÉFUNT DANS L'AU-DELÀ.
CERTAINES FRESQUES RAPPELLENT AU DÉFUNT
SON EXISTENCE TERRESTRE, ET D'AUTRES
FIGURENT SES VOYAGES DANS LE ROYAUME
DE L'*AMENTI*, OU L'OCCIDENT DES MORTS.

«*L'OR (C'EST-À-DIRE LA DÉESSE HATHOR)
A CRÉÉ LA BEAUTÉ DE LA BELLE (MOMIE).
LA BELLE (MOMIE) ARRIVE À PRÉSENT
CHEZ HATHOR, LA MAÎTRESSE DU SYCOMORE.
EN PAIX VERS LA CONTRÉE DES MORTS
D'OCCIDENT!*»

CHANT DEMANDANT LE VENT FAVORABLE ET
PARLANT DE L'ARRIVÉE DU DÉFUNT DANS
L'AU-DELÀ.

LE ROI ET LES DIVINITÉS
MÉDIATEUR INDISPENSABLE ENTRE LES DIEUX ET LES HOMMES,
LE ROI EST AUSSI LEUR SEUL INTERLOCUTEUR.

LES STATUES DES ROIS, DANS LES TEMPLES SONT CONSIDÉRÉES
COMME VIVANTES, ET SONT AUSSI BIEN REPRÉSENTÉES ACTIVES QUE
PASSIVES.
ELLES SONT L'INCARNATION DU POUVOIR ROYAL ET DIVIN,
QUAND ELLES ILLUSTRENT LE ROI, GÉRANT DE LA CRÉATION,
SOUS LA FORME D'UN SPHINX PAR EXEMPLE.

MUSÉE GRÉCO-ROMAIN, ALEXANDRIE.

SUR LES RELIEFS DES TEMPLES, SEUL LE ROI EST REPRÉSENTÉ
EN TRAIN DE FAIRE OFFRANDE AUX DIEUX.
LES OFFRANDES ÉTAIENT TRÈS DIVERSES DANS LEUR NATURE ET
NE COMPRENAIENT PAS SEULEMENT QUE LES DENRÉES
ALIMENTAIRES OU LES FUMIGATIONS PURIFICATIVES.
TOUT CE QUI CONCERNE LA PARURE ET LA TOILETTE DIVINE
EN FAIT ÉGALEMENT PARTIE.

A GAUCHE ET À DROITE :
RAMSÈS II FAIT OFFRANDE AU DIEU HORUS.
TEMPLE D'ABOU SIMBEL.
XIXE DYNASTIE, VERS 1260 AV.J.-C.

RELIEFS DU TEMPLE DE DENDERA

L'OFFRANDE SUPPOSE UN ÉCHANGE ENTRE
LES DIEUX ET LE ROI, MÉDIATEUR DES HOMMES.
OFFRIR QUELQUE CHOSE, C'EST RECEVOIR EN
RETOUR CE QU'ELLE INCARNE OU SYMBOLISE.
POUR CETTE RAISON L'OFFRANDE DE L'EFFIGIE
DE LA DÉESSE HATHOR,
OU DE LA DÉESSE MAÂT (VOIR PAGES SUIVANTES)
REVÊT UNE IMPORTANCE PARTICULIÈRE.
CELLE-CI INCARNE EN EFFET
L'ORDRE COSMIQUE INSTAURÉ
PAR LE DÉMIURGE LORS DE LA CRÉATION.

CI-CONTRE :
RELIEFS DU TEMPLE
D'ISIS À PHILAE.

PAGE DE GAUCHE :
SÉTHI Ier OFFRE
MAÂT,
BAS-RELIEF DU
TEMPLE D'ABYDOS.

Les successeurs de Rê

Nous ne savons que bien peu de chose du règne des deux successeurs immédiats de Rê ; c'est d'abord son fils Shou, l'atmosphère, le soutien du ciel, qui finit sa carrière de roi en remontant au séjour des dieux pendant une tempête terrible, puis son petit-fils Geb, le dieu-terre. Ces deux rois-dieux, dont le rôle est très effacé, semblent représenter une période de transition pendant laquelle l'humanité se reconstitue après un bouleversement comme celui par lequel elle avait passé. C'était au troisième successeur de Rê, monté sur le trône après que Geb soit rentré dans son palais pour devenir dieu à son tour, c'était à Osiris que devait appartenir la tâche glorieuse de faire passer le genre humain de l'état barbare et sauvage à une stabilité relative, de faire franchir non seulement à l'Egypte, mais même au monde entier, la première grande étape de la civilisation.

OSIRIS ET SON CYCLE

    Fils aîné de Geb, le dieu-terre, et de Nout, la déesse-ciel, Osiris personnifie le Nil, l'eau fertilisatrice, le bienfaiteur par excellence de l'Egypte, d'où son nom d'Ounnofri, l'Être bon. De même que le Nil répand continuellement la richesse sur l'Egypte, Osiris, à peine sur le trône, met tous ses efforts à améliorer la condition des hommes ; ces sauvages qui vivaient isolés, en lutte perpétuelle les uns avec les autres, il les groupe, forme des tribus, des états, fonde des villes ; à ces hommes qui trouvaient péniblement une maigre subsistance dans la chasse et les produits naturels su sol, il enseigne l'agriculture, il leur donne les instruments de labour, il leur montre la

PAGE DE DROITE :
OSIRIS,
LIVRE DES MORTS
DE NEBQUED,
VERS 1320 AV. J.-C.,
MUSÉE DU LOUVRE,
PARIS.

CI-DESSOUS :
OSIRIS ET
LES TROIS DIVINITÉS
DE LA NÉCROPOLE :
IMSÉTY, HÂPY ET
KEBEHSÉNUEF,
THÈBES,
VERS 1380 AV. J.-C.,
METROPOLITAN
MUSEUM OF ART,
NEW YORK.

manière de cultiver les céréales et la vigne, bref il les fixe au sol et leur fournit les moyens, non seulement d'y vivre, mais de s'y développer.

A côté de lui, sa sœur Isis, qui est en même temps sa femme, le seconde admirablement dans son œuvre, et mérite que son nom soit resté inséparable de celui de son mari ; pendant que celui-ci établit l'état et la cité, elle constitue la famille, en instituant les liens du mariage ; elle déshabitue les hommes de l'anthropophagie et leur apprend à moudre le grain entre deux pierres et à en faire du pain ; elle leur donne, avec le métier à tisser, les moyens de se vêtir, et emploie pour soulager leurs maux la médecine et la magie. Osiris institua encore le culte des dieux, régla les cérémonies et les liturgies, puis, voyant le résultat obtenu par toutes ses innovations, il résolut de répandre ailleurs qu'en Egypte les bienfaits de la civilisation ; il remit la régence à Isis et partit à la conquête du monde, conquête toute pacifique où il se soumettait les hommes par la persuasion et la douceur, voyage triomphal semblable à celui du Dionysos grec, à la suite duquel l'ordre et la richesse s'établissaient dans tous les pays.

Le dieu Seth, auquel les Grecs ont donné le nom de Typhon, le propre frère d'Osiris, forme avec lui le contraste le plus absolu ; on peut même dire qu'il en est l'exacte contre-partie : il représente non plus le fleuve fertilisateur, mais le désert aride et brûlant, l'esprit barbare et sauvage à côté du génie bienfaisant, la réaction brutale cherchant à renverser les progrès de la civilisation. Tôt ou tard la guerre devait éclater entre deux êtres aussi dissemblables ; en effet Seth le rouge, jaloux de la gloire bien méritée que s'était acquise son frère jumeau, sans se révolter ouvertement contre lui, combina avec grand soin un piège perfide dans lequel Osiris tomba sans défiance : il l'enferma dans un coffre de bois et le jeta dans la mer où il fut dévoré par les poissons, morceau par morceau, puis le meurtrier s'assit sur le trône de son frère, sans que personne songeât, au premier moment, à lui faire d'opposition.

CI-DESSOUS :
OSIRIS,
ÉPOQUE SAÏTE,
MUSÉE DU LOUVRE,
PARIS.

PAGE DE DROITE :
OSIRIS ENTRE
ISIS ET HORUS,
IXe SIÈCLE AV. J.-C.,
MUSÉE DU LOUVRE,
PARIS.

STATUE EN BOIS DORÉ AVEC ORNEMENTS DE BRONZE ET INCRUSTATIONS DU DIEU OSIRIS. MUSÉE DU LOUVRE, PARIS.

Accompagnée des quelques dieux qui lui étaient restés fidèles, Thot à tête d'Ibis et Anubis en particulier, Isis s'enfuit et se réfugia dans les îles marécageuses situées à l'extrême nord du Delta, puis elle entreprit de longues et patientes recherches pour retrouver les restes de son mari qu'elle espérait, en magicienne experte, faire revenir à la vie. Peu à peu elle finit par en rassembler tous les morceux, sauf un, qui avait été dévoré par le poisson oxyrhinque, et réussit à reconstituer son corps ; malgré tous ses efforts, elle ne put le rappeler à la vie, mais elle obtint au moins une compensation, celle d'être fécondée par lui et de mettre au monde son fils, qui devait

PAGE DE DROITE : ISIS PLEURE LA MORT D'OSIRIS, SON FRÈRE ET SON ÉPOUX. II ͤ SIÈCLE AV. J.-C., MUSÉE DU LOUVRE, PARIS.

LE DÉSERT EST ASSOCIÉ, POUR LES ANCIENS ÉGYPTIENS, AU DIEU SETH,
LE DIEU DE L'ARIDITÉ ET DE LA SÉCHERESSE QUI S'OPPOSAIT
À LA FÉCONDITÉ, SYMBOLISÉE PAR SON FRÈRE OSIRIS.

PAGE DE DROITE :
LE DJEBEL MOUSSA «LE MONT SINAÏ» DE LA BIBLE,
SUR LEQUEL MOÏSE REÇUT DE DIEU LES TABLES DE LA LOI.
LE SOMMET HAUT DE 2285 MÈTRES, DOMINE UN DÉSERT DE MONTS
ESCARPÉS ET DE PICS DE GRANIT ROUGE.
AU PIED DU MONT SINAÏ, L'EMPEREUR JUSTINIEN FERA CONSTRUIRE EN
527 AP. J.-C., LE MONASTÈRE DE SAINTE CATHERINE, MARTYRISÉE À
ALEXANDRIE.

devenir le vengeur de son père et le continuateur de l'œuvre interrompue par le crime de Seth. Le petit Horus grandit, soigneusement caché par Isis dans ses marais impénétrables, et son premier soin, dès qu'il eut dépassé l'âge de l'enfance, fut de rendre à son père les derniers devoirs ; aidé d'Anubis, il embauma le corps dont il fit la première momie, et institua les rites funéraires qui devaient assurer au mort la vie d'outre-tombe.

Osiris était le premier roi qui avait été atteint par la mort, tandis que ses prédécesseurs étaient devenus dieux, de rois qu'ils étaient, sans cette brutale transition ; grâce à la momification et surtout aux cérémonies qu'Horus lui

ISIS RANIME OSIRIS À L'AIDE DE SON SOUFFLE DONNÉ PAR SES AILES, MUSÉE DU LOUVRE, PARIS.

PAGE DE DROITE : OSIRIS SUIVI DE NEPHTHYS ET D'ISIS ET PRÉCÉDÉ DES 4 FILS D'HORUS PROTECTEURS DES VASES CANOPES. TOMBE DE THÈBES.

MORT PRÉMATURÉMENT OSIRIS N'A PAS PU AVOIR D'HÉRITIER. LA MOMIFICATION LUI FAIT RETROUVER SA VITALITÉ ET PERMET À ISIS DE S'ACCOUPLER AVEC SON ÉPOUX. LA SCÈNE N'EST JAMAIS CEPENDANT FIGURÉE AVEC RÉALISME ET ISIS PREND GÉNÉRALEMENT LA FORME D'UN OISEAU AU MOMENT DE L'UNION (VOIR PAGES SUIVANTES). CATACOMBES DE KÔM EL-SHOUQAFA, ALEXANDRIE.

PAGE DE GAUCHE,
DE DROITE ET
PAGES SUIVANTES :

CATACOMBES
DE KÔM EL-
SHOUQAFA,
1ᴱᴿ SIÈCLE AP. J.-C.,
ALEXANDRIE.

CHAMBRE
SÉPULCRALE DE
«TIGRANE PASHA»,
MÉLANGE DU STYLE
ÉGYPTIEN ET GREC.

LA MOMIE DU
DÉFUNT
REPOSE SUR
UN LIT ENTOURÉ ET
PLEURÉ PAR ISIS ET
NEPHTHYS.

consacra, il put enfin être déifié à son tour et jouir d'une vie nouvelle dans le séjour des morts où il était descendu ; comme il avait été roi sur la terre, il devint roi dans les enfers qu'il réussit à transformer, de même qu'il avait transformé le monde des vivants ; son domaine particulier, les champs d'Ialou et les champs d'Hotpou, devint par ses soins un pays fertile et bien arrosé, au lieu d'être une sombre caverne, où le soleil de nuit vient à peine jeter pendant de fugitifs instants quelques rayons de lumière ; c'est dans ce quartier privilégié de l'autre monde qu'Osiris reçoit ses féaux, les morts, qui viennent se présenter devant son tribunal, prémunis contre la damnation éternelle par les rites institués par Horus, et qui peuvent dès lors jouir d'une vie nouvelle, à peu près semblable à celle de la terre.

Tandis qu'il grandissait dans sa retraite, Horus se préparait à la lutte à outrance contre l'usurpateur, et dès qu'il se sentit en force, il fondit sur lui avec impétuosité, escorté de ses fidèles, et fut tout de suite favorisé par le succès. Seth, battu à plusieurs reprises, avait beau chercher à se sauver en se transformant, ainsi que ses compagnons, en monstres de toute sorte, tels qu'hippopotames ou crocodiles, il allait être anéanti définitivement, quand l'attitude équivoque d'Isis vint lui apporter un secours inespéré ; la déesse, prise de pitié au dernier moment pour son ennemi et se souvenant qu'il était son frère, s'opposa à son écrasement, si bien qu'Horus, furieux contre sa mère, lui trancha la tête, ce à quoi, du reste, Thot remédia immédiatement en la remplaçant par une tête de vache. Tout eût été à recommencer entre les deux rivaux si Thot, s'instituant arbitre de la question, n'eût partagé le royaume en deux moitiés, dont il donna l'une à Horus, l'autre à Seth.

DANS LA CHAMBRE FUNÉRAIRE CENTRALE DES CATACOMBES DE KÔM EL-SHOUQAFA, ANUBIS, LE DIEU À TÊTE DE CHACAL, EST REPRÉSENTÉ EN LÉGIONNAIRE ROMAIN. CE DIEU DE L'EMBAUMEMENT ÉGYPTIEN EST UNE SYNTHÈSE DU STYLE ÉGYPTO-ROMAIN. IER SIÈCLE AP. J.-C., ALEXANDRIE

LA PESÉE DU CŒUR SOUS LE REGARD D'OSIRIS ET DE MAÂT.
ANUBIS ET TOTH VÉRIFIENT LA JUSTESSE DE LA BALANCE.
AU-DESSUS D'EUX, LE FAUCON GÉMEHSOU.

PAPYRUS DE NANY, VERS 1039-991 AV. J.-C.,
METROPOLITAN MUSEUM OF ART, NEW YORK

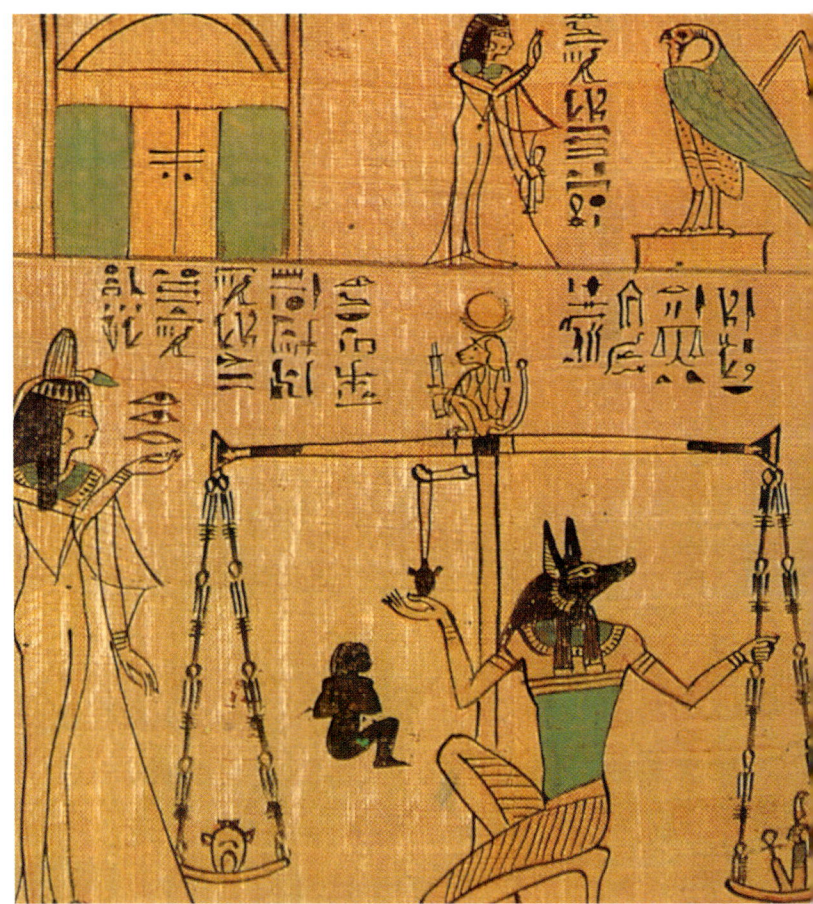

Le Jugement au tribunal d'Osiris

CETTE SCÈNE EST SOUVENT REPRÉSENTÉE
SUR LES PAPYRUS ET SUR LES CERCUEILS
DE LA XXE À LA XXVIE DYNASTIE.
APRÈS LA MORT, LE DOUBLE DU DÉFUNT
COMPARAISSAIT DEVANT OSIRIS ASSISTÉ
DE QUARANTE-DEUX JUGES.
LE DIEU EST ASSIS SUR UN TRÔNE AU FOND
D'UN NAOS. DEVANT LUI EST PLACÉE
UNE BALANCE POUR LA PESÉE
DU CŒUR DE L'ACCUSÉ.
ANUBIS REMPLIT CET OFFICE, TANDIS QUE
TOTH INSCRIT LE RÉSULTAT DE L'ENQUÊTE.
LE MORT PENDANT CE TEMPS SE PURIFIE PAR
LA CONFESSION NÉGATIVE.
L'ÉNUMÉRATION DES FAUTES DONT
IL SE DÉCLARE INNOCENT NOUS DONNE
UNE HAUTE IDÉE DE LA MORALE
DES EGYPTIENS. SANS DOUTE CETTE MORALE
EST LOIN D'ÉGALER CELLE DU DÉCALOGUE
QUI AVEC TANT DE PRÉCISION AFFIRME
LE CULTE DÛ AU VRAI DIEU, MAIS PAR SES
EXIGENCES, ELLE EXALTE LA DIGNITÉ DE
L'HOMME ET LE SUPPOSE CAPABLE DE
POURSUIVRE UN BEL IDÉAL DE GRANDEUR
ET DE PURETÉ.
L'ÉPREUVE DU JUGEMENT ACHEVÉE,
LE DÉFUNT ENTRAIT DANS SA VIE NOUVELLE.
LES EXEMPLAIRES DU LIVRE DE MORTS FONT
RAREMENT ALLUSION AU CHÂTIMENT
D'UNE VIE COUPABLE :
LES MÉCHANTS, PENSAIT-ON, DEVENAIENT
LA PROIE DES JUGES ASSESSEURS,
OU BIEN ILS ÉTAIENT VOUÉS
À UNE IMMONDE MÉTEMPSYCHOSE.
UNE TELLE DESTINÉE N'AVAIT RIEN
D'ENVIABLE.
AUSSI LE CROYANT AVAIT-IL SOIN DE SE MUNIR
D'UN EXEMPLAIRE DU LIVRE DES MORTS
QUI AFFIRMAIT SON INNOCENCE.

CI-CONTRE :
LES INSIGNES DU
POUVOIR, LE FOUET,
FLAGELLUM, ET
LE CROCHET
PROVENANT
DE LA TOMBE DE
TOUTÂNKHAMON,
MUSÉE EGYPTIEN
DU CAIRE.

PAGE DE DROITE :
OSIRIS TIENT
DANS SES MAINS
LE SCEPTRE
CROCHU ET LE
FLAGELLUM QU'ON
APPELAIT AUSSI
CHASSE-MOUCHES.
TOMBE DES
ARTISANS,
VALLÉE DES ROIS,
THÈBES.

CI-CONTRE :
« LA GRANDE DÉVOREUSE »
BABAÏ ATTEND LE
RÉSULTAT DE LA PESÉE
DE L'ÂME PAR THOT.

POUR ACCÉDER À LA VIE
APRÈS LA MORT,
LE DÉFUNT DOIT PASSER
PAR PLUSIEURS ÉPREUVES.
LA PLUS REDOUTÉE EST LE
JUGEMENT DU TRIBUNAL
D'OSIRIS. LE DÉFUNT DOIT
DÉCLARER SON
INNOCENCE TANDIS QUE
LA RÉALITÉ DE SES PROPOS
EST ÉPROUVÉE PAR LA
PESÉE DE SON CŒUR,
SIÈGE DE SES PENSÉES LES
PLUS SECRÈTES.
S'IL EST JUGÉ EXEMPT
DE FAUTES, IL ACCÈDE
AU MONDE DES
BIENHEUREUX, SINON,
IL EST DÉVORÉ PAR LA
« GRANDE MANGEUSE »
ASSISE PRÈS DE LA
BALANCE.

ISIS ALLAITANT HORUS.

CI-DESSUS :
MUSÉE DE LEYDE.

CI-CONTRE :
MUSÉE DE VIENNE.

LES DIFFÉRENTS VISAGES D'HORUS

Nous n'avons donné qu'un rapide résumé de cette partie de la légende qui en réalité, est beaucoup plus compliquée, étant le résultat d'une combinaison plus ou moins heureuse de deux mythes très différents l'un de l'autre et qui sont sans doute originaires, l'une de la Haute Egypte, l'autre du Delta. Le fils d'Isis et d'Osiris n'est en effet pas le seul à porter le nom d'Horus, et on trouve dans le panthéon égyptien une vingtaine d'Horus, sinon plus, d'origines très diverses. Il s'était formé autour d'un des plus importants d'entre eux l'Horus d'Edfou, Hor Behoudit, divinité solaire, un mythe spécial qui raconte les péripéties d'une lutte analogue engagée avec un dieu du nord, nommé également Seth. Nous avons donc, à côté du récit presque mythologique de la lutte perpétuelle du fleuve fécondant l'Egypte contre les empiètements de l'élément désertique qui peut être vaincu, mais non désarmé, une tradition toute différente qui a pour base les combats entre le sud et le nord, entre la population indigène et une tribu d'origine étrangère, mais de même race, qui cherchait à se fixer dans le pays, ces combats qui durèrent jusqu'au moment où Ménès réunit sous son sceptre toute la vallée du Nil. La conclusion même de l'histoire montre bien cette divergence d'origine, car si, selon la légende osirienne, Thot donna à Horus le royaume du nord et à Seth celui du sud, c'est justement le contraire que dit celle d'Edfou, où Horus devient roi de la Haute Egypte, et Seth roi du Delta. Cela explique aussi que le dieu Seth, résultat d'une combinaison très ancienne de deux divinités absolument différentes d'origine, ait été aux temps historiques, soit considéré comme un des grands dieux, placé à côté d'Horus et vénéré en conséquence, soit exécré comme un génie du mal, suivant qu'on le rattachait à l'un ou à l'autre des deux mythes.

Horus, le dieu à tête de faucon ou d'épervier, est devenu aux époques historiques le protecteur tout spécial de

CI-CONTRE,
A GAUCHE ET
A DROITE:
TÊTE D'HORUS EN
OR REPOUSSÉ
DATANT DE
L'ANCIEN EMPIRE.
LA DOUBLE PLUME,
SIMILAIRE À CELLE
QUI ORNE LA
COURONNE DE
PLUSIEURS DIEUX,
COMME ATON, EST
UN AJOUT TARDIF.
MUSÉE ÉGYPTIEN
DU CAIRE

CI-DESSUS:
HORUS COIFFÉ
DE LA DOUBLE
COURONNE.
MUSÉE DE
BROOKLYN

CI-DESSUS,
DE GAUCHE À
DROITE :
HORUS DU TEMPLE
D'EDFOU.

HORUS DU TEMPLE
DE LA REINE
HATCHEPSOUT.

PAGE DE GAUCHE :
HORUS DU TEMPLE
DE KÔM OMBO

la royauté égyptienne ; le Pharaon se considère comme son descendant direct, comme son remplaçant sur la terre, et pour mieux affirmer cette relation intime avec le dieu, le roi fait toujours précéder le premier de ses noms, dans son protocole officiel, par le nom même du dieu, devenu un titre. Pour s'expliquer cette conception du roi comme nouvel Horus, il faut se reporter à l'organisation primitive de l'Egypte à l'époque préhistorique, à sa division en tribus, ou en clans, qui sera étudiée plus loin ; pour le moment, il suffira de rappeler que le plus important de ces clans, celui qui assura peu à peu sa prépondérance sur les autres, celui d'où sortirent les premiers rois d'Egypte, était précisément celui qui avait pour totem le faucon, totem qui finit par se transformer en dieu Horus. Nous aurions alors simplement dans le mythe de l'Horus d'Edfou le récit légendaire de l'expansion progressive de la légende osirienne.

DANS LA PARTIE LA PLUS RECULÉE DU TEMPLE,
SEULEMENT ACCESSIBLE À DES PRIVILÉGIÉS,
SE TROUVE LE NAOS : PETITE CHAPELLE
DANS LAQUELLE EST ENFERMÉE LA STATUE DIVINE
À LAQUELLE LE CULTE EST RENDU.
LE NAOS EST POURVU DE PORTES
EN BOIS MUNIES D'UN VERROU.
DES SCELLÉS SERONT APPOSÉS QUOTIDIENNEMENT
ET BRISÉS LORS DES CÉRÉMONIES,
LE LENDEMAIN.

CI-DESSOUS :
LE NAOS
DU TEMPLE
D'EDFOU
QUI ABRITAIT
LA STATUE
D'HORUS.

CI-DESSUS :
« NOM D'HORUS »,
L'UN DES CINQ NOMS
DU PHARAON.
ICI LE « NOM D'HORUS »
DE THOUTMOSIS III.

CI-CONTRE :
BAS-RELIEF
DU TEMPLE DE DENDERA.

CI-DESSUS,
DE GAUCHE À
DROITE :
HORUS,
VALLÉE DES REINES,
TOMBE DE KWA-EM-
OUASET.

HORUS,
TEMPLE D'EDFOU.

PAGE DE GAUCHE :
HORUS COIFFÉ
DE LA DOUBLE
COURONNE.

Les compagnons de l'Horus d'Edfou, ses principaux auxiliaires dans ses luttes contre Seth, sont nommés les *Masniti*, – d'un mot qui signifie forgeron, ouvrier en métaux, aussi bien que piquier – qui sont artisans autant que guerriers ; le dieu lui-même est armé d'une lance invincible, d'un épieu très supérieur aux armes de ses adversaires, et qui lui assure la victoire. Ces deux données me paraissent être un souvenir de la découverte des métaux ou tout au moins de leur introduction en Egypte : c'est le clan horien ou clan du faucon qui les aurait connus le premier et qui, par leur possession, se serait assuré la suprématie sur tout le pays. Dans le mythe parallèle d'Horus fils d'Isis, on ne trouve aucune donnée sur ce sujet.

La liste que donne Manéthon des rois-dieux s'arrête à Horus fils d'Isis ; il se borne à ajouter que la dynastie continua jusqu'à Bidis, personnage qui nous est entièrement inconnu, pendant une somme totale de 13 900 ans. Le papyrus de Turin était plus explicite, il indiquait pour chaque roi les années de son règne, et nous pouvons encore reconnaître sur les fragments conservés que Seth occupa le trône pendant 200 ans, et Horus pendant 300 ans ; puis venait Thot, qui régna 3 126 ans, et auquel succédait la déesse Maât, puis un nouvel Horus, dont la fin du nom est perdue. Avec Thot, le dieu des sciences et des lettres, on ne sort pas du mythe osirien, puisque nous le connaissons comme un des plus fermes soutiens d'Osiris lui-même pendant son règne, comme son assesseur au tribunal des enfers et comme l'arbitre entre Horus et Seth, à la fin de la lutte. Ce règne de Thot n'a laissé aucune trace, mais il est à présumer, étant donné le caractère même de ce dieu, qu'il eut à continuer l'œuvre de civilisation et surtout d'organisation et d'administration commencée par Osiris, interrompue par Seth et rétablie par Horus. Le nom seul de Maât, déesse de la Justice, parèdre de Thot, qui lui succède en qualité de roi d'Egypte, montre clairement qu'il s'agissait toujours de cette œuvre de perfectionnement, moral autant que matériel, de l'humanité.

CI-DESSUS :
THOT, BAS-RELIEF
DE MÉDINET HABOU

PAGE DE DROITE :
STÈLE
DU ROI-SERPENT,
VERS 3000 AV. J.-C.,
TROUVÉE À ABYDOS,
MUSÉE DU LOUVRE,
PARIS.

LES DYNASTIES DES DEMI-DIEUX ET DES MANES

Après cette période divine, qui est celle de la constitution du pays, il en vient une autre qui paraît n'avoir pas été moins longue, mais qui a un caractère différent : ici ce n'est plus une série bien nette de rois-dieux ayant chacun sa personnalité marquée, mais des groupes d'êtres dont le rôle nous échappe aussi bien que le nom et dont les Egyptiens eux-mêmes n'avaient gardé qu'un souvenir vague, des demi-dieux d'abord, puis de simples hommes, qui peuvent se répartir en cinq dynasties, au dire de Manéthon ; les fragments de Turin confirment en une certaine mesure son témoignage.

La première de ces dynasties mythiques, qui suivit immédiatement celle des dieux, se composait de demi-dieux qui régnèrent 1255 ans en tout ; les Egyptiens avaient conservé de ces souverains une liste qui était inscrite au papyrus de Turin, mais qui, à part un ou deux signes, a disparu entièrement aujourd'hui ; cette liste devait se trouver aussi dans le livre original de Manéthon, mais les copistes ne nous l'ont pas transmise de façon très claire ; les *Excerpta Barbari* en ont conservé le premier nom, celui d'Anubis, et par là nous voyons que cette dynastie de demi-dieux se rattachait directement au cycle osirien, Anubis étant un fils d'Osiris et de Nephthys, son autre sœur, bien que celle-ci fût en réalité la femme de Seth.

On peut reconnaître, à travers les formes grecques de ces noms, Horus fils d'Isis, Anhour, Anubis, Khonsou, Horus d'Edfou, Ammon, Thot, Shou et Ammon-Rê, ce dernier revenant donc deux fois dans la même série. Ce chifffre de neuf dieux nous montre tout au moins que cette dynastie formait, comme la première, une ennéade, calquée sans doute sur la deuxième ennéade des dieux héliopolitains, que nous connaissons très peu.

PAGE DE GAUCHE :
LE DIEU HORUS
EST SCULPTÉ À
L'ARRIÈRE DE LA
COIFFE DU ROI
KHÉPHREN POUR
LÉGITIMER LE
CARACTÈRE DIVIN
DU SOUVERAIN,
MUSÉE EGYPTIEN
DU CAIRE.

CI-DESSOUS :
HOREMHEB ET
LE DIEU HORUS,
MUSÉE DE VIENNE.

LA CHRONOLOGIE LÉGENDAIRE

En résumé, toute cette période fabuleuse se divisait en plusieurs époques, celle des dieux cosmogoniques et organisateurs de l'humanité, celle des demi-dieux dont le rôle très effacé a plutôt un caractère transitoire, et enfin celle des hommes-rois ; pour les Egyptiens eux-mêmes, les souverains à partir de la IIeme dynastie, donc les demi-dieux, les mânes et les hommes formaient un seul grand groupe, celui des *Shesou-Hor*, ou suivants d'Horus, auxquels Manéthon attribue une durée totale de règne de 11 000 ans, tandis que les dieux eux-mêmes auraient occupé le trône pendant 13 900 ans.

Les Egyptiens avaient au sujet de leurs origines une tradition qui paraît simple et pleine de renseignements précis, comparée à celles des autres peuples.

Ici c'est une légende pour ainsi dire quintessenciée, prenant le monde à ses débuts, l'humanité à sa création même, la suivant à travers les grandes commotions géologiques qui bouleversèrent la vallée du Nil avant le début de l'histoire.

LES DÉESSES NEKHBET ET OUADJET COURONNENT LE PHARAON PTOLÉMÉE XIII, TEMPLE DE KÔM OMBO.

PAGE DE DROITE : TRIADE MONTRANT LE PHARAON MYKERINOS ENTOURÉ DE LA DÉESSE HATHOR ET DE LA DÉESE DU 17ᴱ NOME, MUSÉE EGYPTIEN DU CAIRE.

À ABOU SIMBEL, RAMSÈS II REND HOMMAGE AU DIEU SOLEIL AUQUEL IL S'IDENTIFIE EN TANT QUE FILS DE RÊ. AU-DESSUS DE LA PORTE D'ENTRÉE, DANS UNE NICHE, APPARAÎT LE DIEU À TÊTE D'ÉPERVIER SURMONTÉE D'UN DISQUE SOLAIRE, TENANT L'*ANKH* À LA MAIN. C'EST RÊ-HAMARKHIR, L'HORUS DE L'HORIZON, CELUI QUI EST PRÉSENT À GISEH SOUS L'APPARENCE DU SPHINX GARDIEN DES PYRAMIDES. C'EST LE DIEU DU SOLEIL LEVANT, SYMBOLE DE LA RÉSURRECTION. IL SEMBLE ÉTABLI QUE RAMSÈS II FUT INFLUENCÉ PAR LES CULTES SOLAIRES.

Au commencement, ce sont les dieux qui dirigent le mouvement progressif de l'humanité, qu'ils ont eux-mêmes mis en branle, puis peu à peu ils s'effacent, passant la main à des êtres moins sublimes, moins éloignés par leur nature même de la race qu'ils ont à gouverner, et enfin à de vrais hommes, arrachés définitivement à la sauvagerie primitive et capables en une certaine mesure, après des milliers d'années d'efforts, de s'affranchir de la tutelle directe des dieux.

Ces débuts des hommes furent obscurs et sans doute difficiles, et il fallut encore de longs siècles avant que l'un d'entre eux pût saisir d'une main ferme les rênes du pouvoir et donner à l'Egypte cette puissante organisation qui devait durer plus longtemps que celle d'aucun autre pays. Ces rois locaux antérieurs à Ménès n'ont pas laissé de traces dans l'histoire, mais il est possible qu'un certain nombre de leurs noms aient été conservés : en effet au premier registre de la pierre de Palerme, on voit représentée toute une série de personnages portant la couronne rouge, l'insigne des rois de la Basse-Egypte, au-dessus desquels sont gravés quelques signes qui peuvent fort bien être des noms, mais des noms bizarres qui ne ressemblent guère aux noms égyptiens ordinaires, Seka, Khaaou, Taou, Tesh, Neheb, Ouazand, Mekha. Ce serait le seul document précis relatif à la fin de la période légendaire, à ces rois memphites dont parle Manéthon.

Quant aux rois de la Haute-Egypte, leurs compétiteurs, peut-être devons-nous en reconnaître quelques-uns parmi les monuments d'Abydos qu'on attribue généralement à la Ire dynastie : il s'y trouve en effet quelques noms de rois difficiles à lire et à identifier et qui peuvent appartenir à certains des prédécesseurs immédiats de Ménès.

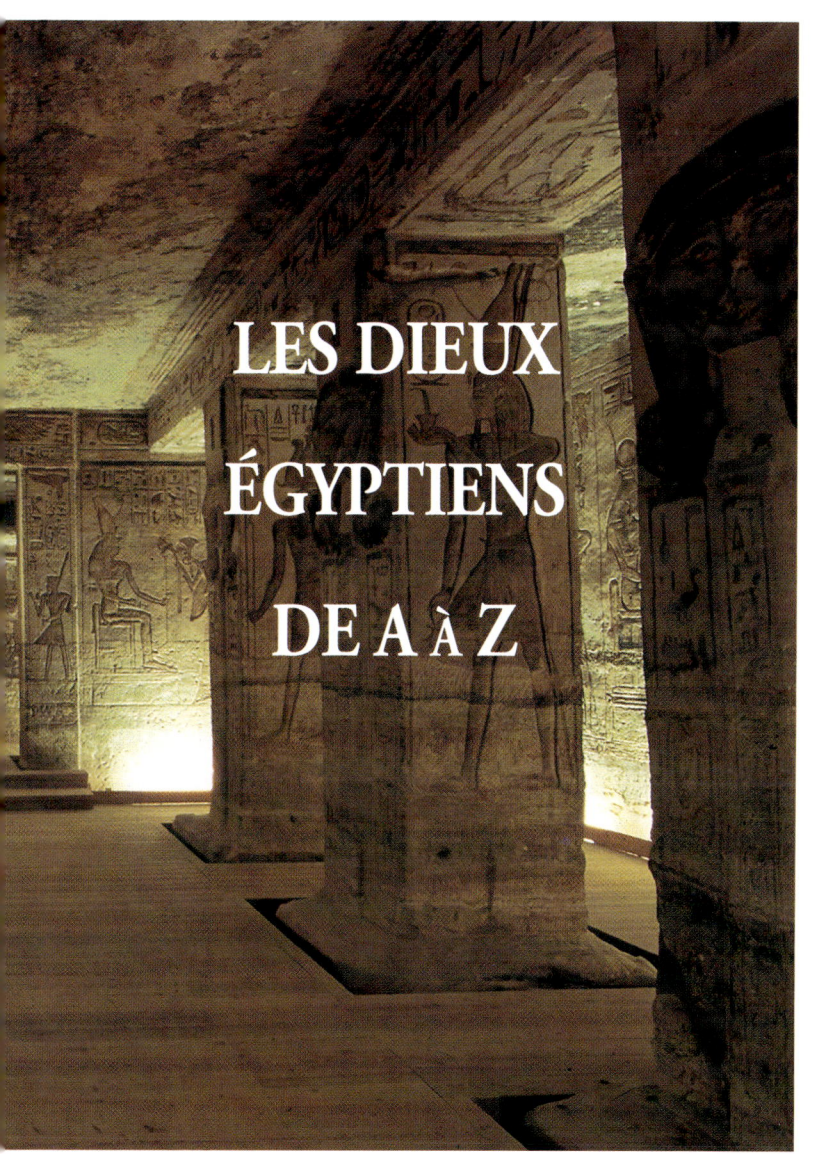

LES DIEUX ÉGYPTIENS DE A à Z

Les dieux

Les dieux établis dans la vallée du Nil dès les temps prédynastiques, n'avaient pas été détrônés lors de la disparition des clans absorbés dans l'organisation des deux Pays.

Ménès, au seuil de l'histoire, avait pu réaliser l'unité politique, mais non l'unité religieuse : les dieux locaux gardant l'intégralité de leurs prérogatives, avaient tenu bon dans leurs cités respectives. Le temps aidant, ils avaient dû cependant accepter la concurrence de quelques-uns d'entre eux dont la suprématie s'était affirmée dans certains centres importants.

Les tentatives de concentration religieuse, avaient eu pour premier résultat, de révéler l'existence d'un grand nombre de dieux qui tous avaient revendiqué leur place dans le panthéon égyptien.

L'unité religieuse n'existe pas au point de vue national, mais en revanche elle se réalise dans l'esprit du croyant qui ne reconnaît qu'un seul Dieu véritable – le sien – qui absorbe tous les autres dans sa propre unité. Le nom du dieu varie avec les villes, mais il revendique partout les mêmes attributs divins.

Le rôle de son clergé ou peut-être le hasard des circonstances favorables, a fait que le système d'Héliopolis a prévalu, imposant à ses voisins, ses propres caractéristiques ; le démiurge égyptien sera éminemment solaire.

LA FAMILLE D'HÉLIOPOLIS ET SES DÉVELOPPEMENTS

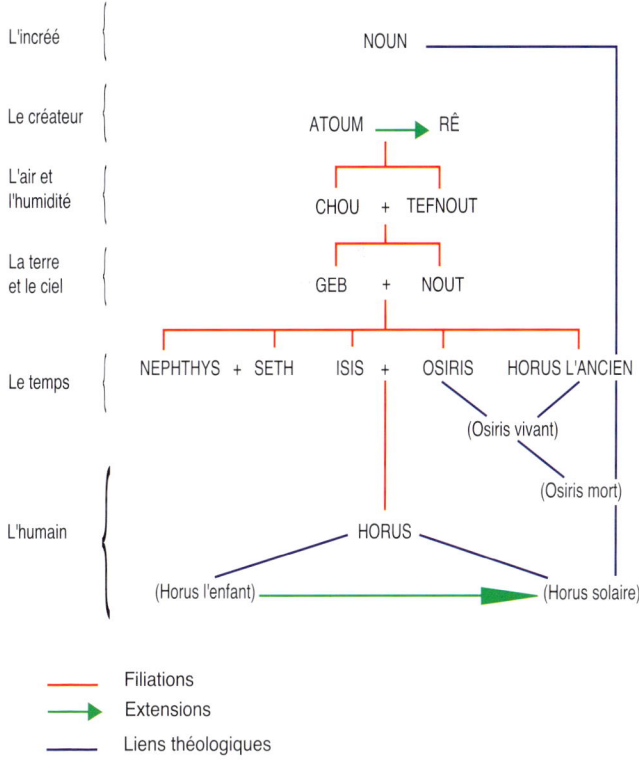

Le collège théologique d'Héliopolis avait pris une initiative qui répondait à un besoin. Bientôt les centres religieux s'inspirèrent de son exemple, et la ville de Rê fit Ecole : chaque groupement important voulut avoir, qui son ennéade, qui sa triade.

ECOLE D'HERMOPOLIS

Thot à tête d'Ibis, est considéré comme le dieu suprême et créateur. Il compose, avec huit dieux secondaires, une ennéade sans relief. On ignore même les noms des «Huit» qui lui font cortège. Assez tôt dépossédé de sa suprématie, Thot fut ramené au rang plus modeste de dieu lunaire, lieutenant de Rê. Il est devenu le scribe sacré, l'inventeur des hiéroglyphes, le Maître des paroles divines. Détenteur divin de la vraie sagesse et de la science universelle, les Grecs l'ont connu sous le nom d'Hermès.

ECOLE DE MEMPHIS

Memphis est placée sous la protection d'un puissant dieu : Ptah, qui donna son nom à l'Egypte.

Il forme une triade avec Sekhmet son épouse, et leur fils Nefertoum. Mais l'Ecole memphite jugea ce rôle insuffisant et elle fit de son dieu un chef d'ennéade plus grand même que Rê d'Héliopolis.

Ptah est l'éternel principe des huit dieux qui procèdent de lui ; tous les êtres lui doivent l'existence. Au-dessous de lui, Noun et Nounet forment le Chaos primordial. Ils sont père et mère d'Atoum. De ce dernier procèdent Shou et Tefnout et les autres dieux de l'ennéade qui tous en réalité sont les créatures de Ptah, car le pouvoir d'Atoum n'est qu'un pouvoir d'emprunt. L'Ecole memphite professe un monothéisme très accentué et fait de Ptah, son dieu-principe, un être plus indépendant que Rê d'Héliopolis.

STÈLE DE
DJEDKHONSOUIOUFANKH
VERS 1000-900 AV. J.-C.
BOIS PEINT,
LE MUSICIEN D'AMON
CHANTE, EN
S'ACCOMPAGNANT
DE LA HARPE,
UN HYMNE AU DIEU
HORAKHTI

AKER

AKER
Génie à double tête, protecteur d'Osiris. Il personnifie la terre dans sa matérialité.

AMON
Le fond de la doctrine thébaine est héliopolitain. Amon, d'abord modeste dieu local -peut-être l'un des «huit» de l'ennéade d'Hermopolis, - parvient à s'élever au-dessus des autres dieux, et fait de Thèbes un centre religieux capable de rayonner dans tout le Nouvel Empire. Il forme d'abord une triade avec Mout son épouse et leur fils Konsou, dieu lunaire.

Comme Atoum, d'Héliopolis, Amon est le dieu suprême. Créateur et organisateur de tout ce qui existe, il revendique comme Ptah l'ennéade héliopolitaine, et pour n'être pas en reste, avec Rê, il s'identifie avec le soleil et devient Amon-Rê.

Par lui, le pharaon est vraiment de race divine : la naissance de l'enfant royal n'est pas soumise aux lois communes. En prévision de l'événement, Amon devient l'époux de la Reine. Cette condescendance contribua beaucoup à la gloire du dieu : Amon est un dieu social, intimement mêlé à la vie de son peuple.

Le témoignage de sa grandeur inégalée se retrouve encore aujourd'hui dans les ruines grandioses du temple de Karnak.

La gloire d'Amon connut cependant une brève interruption sous le règne d'Amenhotep IV Akhenaton. Ce pharaon épura la théologie traditionnelle et dégagea

AMON

CI-DESSUS ET PAGE DE
GAUCHE :
AMON PROTÉGEANT
TOUTÂNKHAMON,
VERS 1347-1337 AV. J.-C.,
MUSÉE DU LOUVRE,
PARIS.

CI-CONTRE :
AMON À TÊTE DE
BÉLIER.
TOMBE DE
NÉFERTITI.

AMON

LES SPHINX, À TÊTE DE BÉLIER,
SYMBOLE D'AMON,
ASSURENT AU PHARAON,
DONT LA STATUETTE EST PLACÉE
ENTRE LEURS PATTES,
LA PROTECTION DU DIEU.

AMON

UNE ALLÉE DE SPHINX CONDUIT
DU TEMPLE DE KARNAK,
AU TEMPLE DE LOUQSOR
PAR UNE VOIE DE TROIS KILOMÈTRES.

AMON

son dieu Aton de tout système d'école. Il y a des attributs incommunicables qui sont le privilège du dieu unique : Aton seul les possède. Créateur tout-puissant et providence de ses créatures, le dieu d'Akhenaton est seul ; il n'a pas de suite, ni triade ni ennéade. L'idée monothéiste devient plus nette et se précise de plus en plus.

Quand le culte d'Aton fut aboli, le progrès doctrinal ne fut pas interrompu. Le travail d'épuration se continue autour de l'idée de l'unité divine.

La difficulté était grande pourtant, de proclamer l'existence d'un dieu unique en présence d'Amon, de Rê et de Ptah. Une ingénieuse précision arrange tout : les trois dieux sont ramenés à l'unité de l'essence divine, dont Amon est le nom caché, Rê est la face et Ptah le corps.

Devenu l'homme à la peau bleue, il porte une tiare surmontée de deux grandes plumes verticales.

AMON

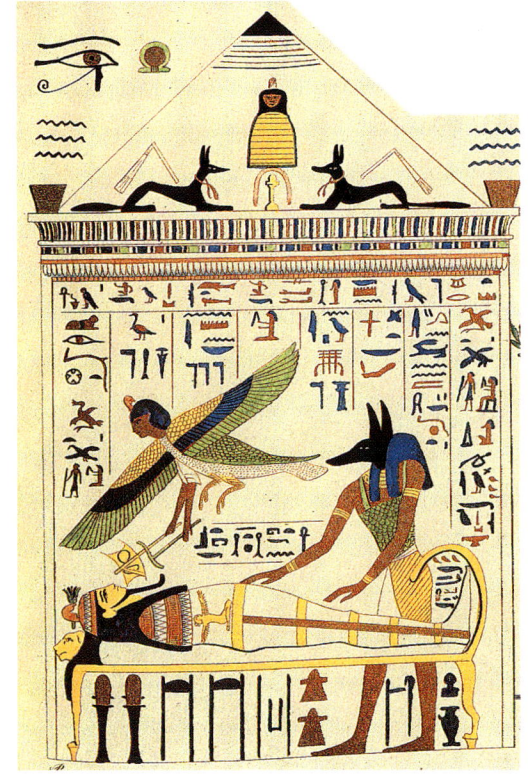

PAGE DE GAUCHE :
À GAUCHE,
AMON MARCHANT,
XXIIe DYNASTIE
METROPOLITAN
MUSEUM OF ART,
NEW YORK

À DROITE,
REPRÉSENTATION
D'AMON, VALLÉE
DES REINES.
TOMBE D'AMEN
KHOPSHEF.

CI-DESSUS :
REPRÉSENTATION
D'ANUBIS,
VALLÉE DES ROIS.
TOMBE DE
RAMSÈS VI.

CI-CONTRE :
SOUS LE REGARD
D'ANUBIS,
LE *BA* APPROCHE
DU DÉFUNT UN
VOILE POUR LUI
INSUFLER LA VIE
ET LUI TEND UN
SCEPTRE, SYMBOLE
DE PURETÉ.

ANUBIS

ANUBIS

Anubis ou Inpou, *"Celui qui a la tête d'un chien sauvage"* est originaire du dix-septième nome occidental de Haute-Egypte. Depuis l'Ancien Empire, il est le dieu universel des funérailles après avoir assimilé les divinités funéraires Sokaris, Oupouaout, Khentamentiou, Ha et Amentit. Il dispense aux morts l'offrande funéraire et demeure le *"Seigneur des défunts"* jusqu'à la cinquième dynastie, époque à laquelle Osiris le supplante. Il devient alors l'assistant d'Osiris dans les rites funéraires en veillant à la préservation des corps comme il l'avait fait en embaumant Osiris. Il vérifie également en compagnie d'Horus l'exactitude du peson de la balance au moment de la pesée des âmes. Représenté sous la forme d'un chacal couché ou d'un dieu à tête de chacal, il passe parfois pour être le quatrième fils de Rê ou encore pour celui d'Osiris et de Nephthys.

CI-DESSOUS À GAUCHE : ANUBIS REPRÉSENTÉ SUR LES BAS-RELIEFS DU TEMPLE DE DENDERA ET DE PHILAE.
À DROITE : ANUBIS TIENT LA MOMIE DE RAÏ.

PAGE DE DROITE : ANTICHAMBRE DU TOMBEAU DE TOUTÂNKHAMON GARDÉE PAR ANUBIS.
EN BAS : ANUBIS EN BOIS, OR, ARGENT ET PIERRES PRÉCIEUSES TROUVÉ DANS LE TOMBEAU DE TOUTÂNKHAMON. MUSÉE ÉGYPTIEN DU CAIRE.

ANUBIS

APIS

APIS

En dehors des dieux à tête animale, le culte des animaux eux-mêmes est un élément fondamental de la religion égyptienne. D'origine très ancienne et probablement sémitique, il trouve son expression dès la première dynastie dans la région du delta, très riche en gibier divers. L'un des premiers animaux ainsi déifiés est le taureau Apis de Memphis qui au cours de l'histoire a été identifié avec Rê, Osiris et Ptah, tous des dieux majeurs. A la Basse-Epoque, il est récupéré pour créer le culte nouveau de Sérapis à destination des Grecs d'Egypte, mais il perd son apparence d'origine pour devenir un personnage gréco-égyptien.

Divinité agraire Apis est le symbole de la puissance fécondante. Elle porte entre ses cornes le Disque solaire et l'uraeus, symboles de Rê.

CI-DESSUS :
RELIEF DES CATACOMBES DE TÔN EL-SHOUQAFA.
1ER SIECLE AP. J.-C., ALEXANDRIE.

PAGE DE DROITE :
LA REINE HATCHEPSOUT SE LIVRE À UNE COURSE RITUELLE ACCOMPAGNÉE D'APIS, LORS DE LA FÊTE ROYALE DU SED.
TEMPLE DE KARNAK.

APIS

91

APOPHIS

APOPHIS
Serpent géant qui attaque quotidiennement le Soleil dans son parcours. Il est à chaque fois vaincu.

SETH TRANSPERCE DE SA LANCE LE SERPENT MENAÇANT, APOPHIS.

EN BAS, UN HARPISTE AVEUGLE JOUE POUR LE DÉFUNT ET SON ÉPOUSE. TOMBEAU D'INHERKHA, DEIR EL-MÉDINEH.

ATON

ATON

Il n'était au départ qu'une manifestation de Rê, adoré depuis longtemps sous l'aspect du disque solaire. Au cours de la dix-huitième dynastie, il prend progressivement de l'importance jusqu'à ce qu'Aménophis IV, Akhenaton, en fasse une sorte de dieu suprême et unique parfois représenté en tant que disque pourvu de rayons terminés par des mains dispensatrices de vie. Son culte fut de courte durée et il redevint un des aspects de Rê.

AKHENATON SACRIFIE À ATON.

CI-DESSUS :
MUSÉE ÉGYPTIEN DU CAIRE,
CI-CONTRE :
STAATLICHE MUSEEN, BERLIN.

ATOUM

ATOUM
Forme vieillissante de Rê, qui s'apprête à renaître dans Khépri, le Soleil en devenir. Il est le dieu créateur adoré à Héliopolis.

LE PHARAON HOREMHEB AGENOUILLÉ DEVANT ATOUM, VERS 1300 AV. J.-C. MUSÉE DE LOUQSOR.

BASTET

BASTET

Elle est à l'origine une déesse guerrière de la région de Bubaste, mais le caractère de cette déesse-chatte a été refroidie par les eaux de la première cataracte. Elle est donc devenue insensiblement une divinité souriante, aimant la musique et la danse. Elle a pour emblème le sistre, une sorte de crécelle, et un petit panier d'osier.

LA DÉESSE BASTET
À DROITE,
MUSÉE ÉGYPTIEN
DU CAIRE.

EN BAS :
MUSÉE DU LOUVRE,
PARIS.

BES

CI-DESSUS ET PAGE DE DROITE : BÈS, GARDIEN DES CHAMBRES D'ENFANTS ET DES CHAMBRES À COUCHER. VIᵉ SIÈCLE AV. J.-C. TEMPLE DE DENDERA.

CI-DESSOUS : LE GROTESQUE DIEU BÈS.

BES
Divinité mineure. Figure grotesque difforme et grimaçante, elle éloigne les mauvais esprits des maisons, et protège les femmes en couches. Bès est un génie qui apporte la bonne humeur. A Abydos, Bès a été tardivement l'objet d'un culte, comme dieu guérisseur.

CHENTAÏT
Nom signifiant «la veuve», elle a l'apparence d'une vache et incarne l'enveloppe protectrice au sein de laquelle Osiris peut se régénérer.

BES

CHOU

DEMIURGE

REPOSE-TÊTE DE TOUTÂNKHAMON FIGURANT LE DIEU CHOU TENANT LA VOÛTE DU CIEL. MUSÉE ÉGYPTIEN DU CAIRE

PAGE DE GAUCHE : NOUT SOUTENUE PAR CHOU AU-DESSUS DE GEB. PAPYRUS DE LA XXIᵉ DYNASTIE. MUSÉE DE LEYDE

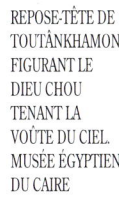

CHOU
L'Air, est appuyé sur la Terre, Geb, et soutient de ses bras la voûte céleste, Nout, pour permettre au Soleil d'accomplir sa course. Il est l'essence de la lumière et permet donc aux hommes de vivre et aux morts de renaître. Dans la théologie solaire, Chou est le père de Geb et de Nout, qui par ailleurs, sont mari et femme et enfants de Tefnet, l'Humidité, sœur et femme de Chou.

DÉMIURGE
Le créateur du monde qui est éveillé à la vie au sein de Noun, l'Océan Primordial. C'est lui qui engendre, par la pensée et la parole, les premiers éléments de l'univers ordonné et qui fait émerger le promontoire de terre sur lequel le soleil s'élancera pour éclairer le monde.

GEB

GEB
La Terre, offre deux aspects : la Terre Noire fertilisée par le Nil ; représentée sous la forme d'un homme couché sur lequel poussent des plantes, et la Terre Rouge stérile du désert. Le Nil, si important pour la vie quotidienne des Egyptiens, et en particulier ses

GEB

inondations personnifiées par Hâpy, n'ont qu'une place insignifiante dans le culte; par contre il bénéficie d'une abondante littérature le décrivant parfois comme le "Père des Dieux".

CI-CONTRE :
LE SOLEIL RÉ À SON ZÉNITH NAVIGANT SOUS LE VENTRE DE LA DÉESSE DU CIEL NOUT, ILLUMINE LA TERRE REPRÉSENTÉE PAR LE DIEU GEB ALLONGÉ SUR LE FLANC. PAPYRUS DE NESPAKACHOUTI, VERS 1000 AV. J.-C. MUSÉE DU LOUVRE, PARIS.

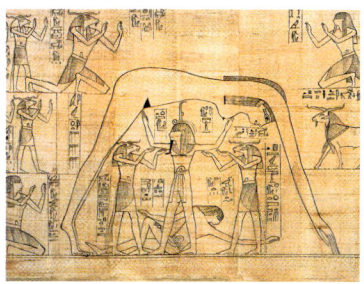

CI-DESSUS :
LA NAISSANCE DU CIEL ET DE LA TERRE AVEC GEB GISANT AU SOL. BRITISH MUSEUM, LONDRES.

HAPY

HAPY
Génie de la fécondité et de l'abondance, personnification de la crue du Nil.

CI-CONTRE :
HAPY SOUS LES TRAITS
D'UN PHARAON.
BRITISH MUSEUM, LONDRES.

CI-DESSOUS :
HAPY SOUS LA FORME
D'UN BABOUIN.

HATHOR

HATHOR

Elle est, à l'origine, une déesse céleste très vite confondue avec Nout car elle est également représentée par une vache. Son principal attribut est le *ménat*, le collier à contrepoids, que l'on trouve aussi bien au cou de la vache qu'à celui de la déesse portant un soleil encadré par des cornes de vache sur la tête. Hathor est considérée par son père Rê comme *"l'œil de Rê"* et à ce titre doit châtier les humains qui ont mécontenté le

CI-CONTRE :
HATHOR,
DÉESSE DU CIEL ET
DE L'AMOUR SOUS
LE NOUVEL EMPIRE
VERS 1370 AV. J.-C.
MUSÉE DE
LOUQSOR.

CI-DESSOUS :
RAMSÈS III ET LA
DÉESSE HATHOR.
XIIᵉ SIÈCLE.
VALLÉE DES REINES,
TOMBE D'AMEN
KHOPSHEF

HATHOR

HATHOR

LE SANCTUAIRE SITUÉ DANS LE TEMPLE FUNÉRAIRE
D'HATSHEPSOUT À DEIR EL-BAHARI,
ÉDIFIÉ SOUS LA XVIII' DYNASTIE, EST DÉDIÉ
À LA DÉESSE HATHOR, PROTECTRICE DE LA THÉBES
OCCIDENTALE.
LES PRONAOS ET LE VESTIBULE CONTIENNENT DES
COLONNES ET DES PILIERS HATHORIQUES,
DONT LES CHAPITEAUX SONT DÉCORÉS
DE L'EMBLÈME D'HATHOR.

HATHOR

Soleil. Dans d'autres traditions locales, elle est déesse de l'amour, favorite des dieux. Comme on la célèbre par des chants et des danses, elle devient la déesse de la musique, de la joie, de la danse et du vin ; le sistre est alors son emblème. Elle est patronne des navigateurs avec Isis à la Basse Epoque. A Thèbes, on la vénère en tant que déesse des morts sous l'aspect de la déesse du Sycomore qui abreuve le défunt. C'est aussi la gardienne de la nécropole. A Kôm Ombo, elle est l'épouse de Sobek, à Dendera celle du Grand Horus d'Edfou, à Héracléopolis celle du dieu bélier Harsaphès *"qui est dans son lac"*, identifié plus tard à Héraklès.

CI-DESSOUS :
À GAUCHE :
HATHOR REPRÉSENTÉE DANS LA CHAPELLE DE MÉDINET HABOU.

À DROITE :
SENENMOUT PRÉSENTE LA DÉESSE HATHOR. METROPOLITAN MUSEUM OF ART. NEW YORK.

HATHOR

CI-CONTRE :
DÉTAIL DU LIT
FUNÉRAIRE DE
TOUTÂNKHAMON,
FIGURANT HATHOR.
MUSÉE DU LOUVRE.

CI-DESSOUS :
HATHOR DANS LE
TEMPLE DE
DENDERA.

HATHOR

HATHOR

CI-CONTRE :
HATHOR ACCUEILLE
LE PHARAON
SETHI IER
VERS 1300 AV. J.-C.
MUSÉE DU LOUVRE,
PARIS.

PAGE DE GAUCHE :
LE PHARAON
ENTOURÉ D'HORUS
ET D'ANUBIS.
MUSÉE ÉGYPTIEN
DU CAIRE.

HEQET

HEQET
Déesse grenouille, qui, aux côtés de Khoum, donne la vie aux êtres qu'elle crée.

HORUS
"Celui qui est loin", est l'un des plus compliqués des dieux solaires. Sous la forme d'un dieu-faucon ou d'un faucon portant la double couronne de Haute et Basse-Egypte, il incarne le Soleil et le Ciel. Il est la forme journalière du Soleil sous la forme de Rê-Horakhty, l'Horus de l'Horizon. Lorsqu'il est Horus l'Aîné, Haroèris, il est assimilé à un très ancien dieu de la préhistoire censé être le créateur du monde. Il est également souvent représenté sous les traits d'un jeune enfant nu, un doigt sur la bouche, une mèche de cheveux cachant une oreille: c'est Harpocrate, le fils d'Osiris et d'Isis devenu particulièrement populaire avec le développement de la légende osirienne. Il peut prendre alors les noms de Harsiêsis, *"Horus fils d'Isis"*, et de Harendotès, *"Horus vengeur de son père"*. A Edfou, il est représenté comme dieu-père et dieu-fils en même temps ; ce dédoublement est figuré par le Disque solaire doté de deux ailes. A Kôm Ombo, il prend parfois l'aspect d'un lion assis. Sous sa nature de dieu musicien des aveugles, il est le compagnon d'Hathor dont il a un fils : Horus Sémataoui, *"le Rassembleur des Deux Terres"*. Enfin, il est le symbole divin de tous les rois et le protecteur de la monarchie.

CI-DESSOUS :
HORUS, DÉMON HOMME À TÊTE DE FAUCON,
XIXᴱ DYNASTIE,
VERS 1250 AV. J.-C.,
STAATLICHE MUSEEN, MUNICH.

HORUS

CI-CONTRE :
HATHOR REPRÉSENTÉ DANS LE TEMPLE
DE LA REINE HATCHEPSOUT.

CI-DESSOUS :
RAMSÈS II REPRÉSENTE UN HARPOCRATE,
FORME ENFANTINE D'HORUS.

À DROITE :
HORUS ENFANT VAINQUEUR DES ANIMAUX DANGEREUX,
VERS 300 AV. J.-C., MUSÉE ÉGYPTIEN DU CAIRE.

ISIS

ISIS

Avec Nephthys, elle joue un rôle très important dans le culte des morts en surveillant les cérémonies de momification, en tant que pleureuse et comme protectrice des morts, des rôles qu'elle joue dans la légende osirienne. Toutes les deux sont des sœurs-épouses d'Osiris. Isis l'est de manière permanente et sera la mère d'Horus. Nephthys ne l'est que momentanément pour enfanter Anubis; elle est la femme de Seth. Isis, qui sera à la Basse Epoque regardée comme protectrice des navigateurs et comme l'équivalent égyptien de Déméter, est représentée sous l'aspect d'une femme portant sur la tête le hiéroglyphe de son nom qui signifie "siège" et par extension "trône royal".

ISIS

PAGE DE GAUCHE,
À GAUCHE :
SENNEDJEM ET SON
ÉPOUSE REÇOIVENT L'EAU
DES MAINS D'ISIS,
LA DÉESSE DU SYCOMORE.
TOMBE DE SENNEDJEM,
DEIR EL-MÉDINEH.

À DROITE :
SARCOPHAGE D'ISIS,
MÜUSÉE EGYPTIEN DU CAIRE.

CI-CONTRE :
ISIS PROTÈGE LE PREMIER COFFRE DES
CANOPES, MUSÉE EGYPTIEN DU CAIRE.

CI-DESSOUS :
ISIS DERRIÈRE HORAKTY ET OSIRIS REÇOIT
L'ENCENS ET L'EAU DU TRÉSORIER
KHONSOUMES,
VERS 1000 AV. J.-C., MUSÉE DU LOUVRE,
PARIS.

KHENTAMENTIOU

KHENTAMENTIOU
"Chef des occidentaux" de la région d'Abydos où il apparaît avec une tête de chien. C'est le *"Guide des morts"* concurrencé par Anubis et ensuite absorbé dans la nature d'Osiris.

KHÉPRI
Prenant la forme d'un scarabée ou d'un homme ayant un scarabée à la place du visage, il est l'incarnation du Soleil naissant en devenir.

PAGE DE DROITE ET CI-DESSOUS :
LE DIEU KHÉPRI.
EN BAS À GAUCHE :
TOMBE DE NÉFERTITI.

KHNOUM

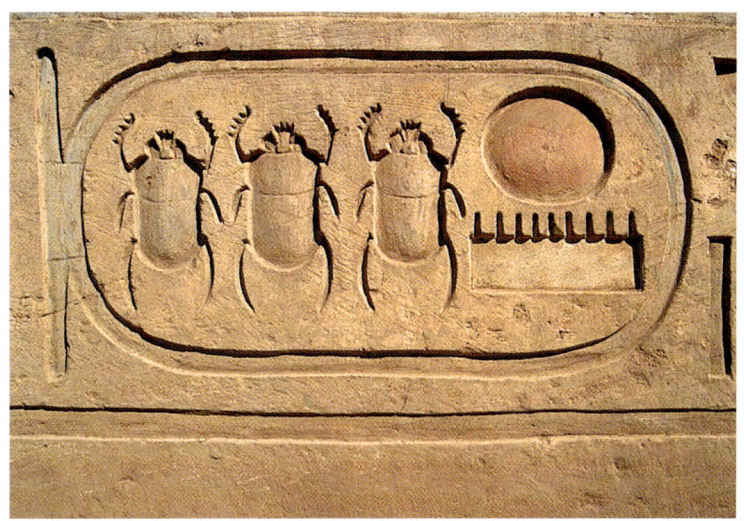

KHNOUM

Ensemble de quatre dieux béliers provenant des régions d'Hypselis, Antinoé, Esneh et Eléphantine. *"Maître de l'eau fraîche"*, il surveille les crues du Nil, ouvre les portes de sa caverne, libère les eaux et sauve ainsi les hommes de la famine. Il est donc particulièrement populaire. Khnoum est un dieu créateur qui modela sur son tour les créatures et les anima de son souffle. Il est représenté parfois en train de modeler les corps des hommes sur un tour de potier.

KHONSOU

KHONSOU

Dieu lunaire, Khonsou est représenté sous la forme d'un jeune homme à tête humaine ou à tête de faucon surmontée du Disque lunaire. Il est le fils d'Amon et de Mout. Il est vénéré en tant que *"Khonsou-dans-Thèbes"*. Un temple a été érigé en son honneur à Karnak.

MAÂT

Déesse qui personnifie l'équilibre cosmique. C'est à travers elle que le monde peut se maintenir dans son intégrité. Elle est la déesse de la vérité et de la justice, coiffée de son attribut, la plume d'autruche.

CI-DESSUS :
LE DIEU KHONSOU
À KARNAK.

CI-CONTRE :
LE DIEU THOT
À TÊTE D'IBIS AVEC
LA DÉESSE MAÂT,
MUSÉE DE
HANOVRE.

MAÂT

MIN

MIN

Originaire du neuvième nome de Haute-Egypte, est le dieu de la reproduction et de la fertilité, comparable au Priape des Grecs. Dans son rôle solaire, il est le "taureau de sa mère", la déesse Ciel qu'il féconde chaque soir pour donner un nouveau soleil. Son culte se répandit assez vite, mais ce dieu infatigable finit par être absorbé par Amon pour devenir Amon-Min à l'apparence plus sage. Au Moyen Empire, il est aussi associé à Horus pour donner Min-Horus capable de faire taire Seth. C'est aussi le patron du Désert oriental. Ce dieu de l'énergie virile, fertilisateur des champs, dieu des moissons, est représenté généralement debout en érection, le bras droit levé tenant un fouet. Sa coiffe est surmontée de deux hautes plumes.

MONTOU

Dieu faucon appartenant au cycle solaire qui ne devint dieu guerrier et protecteur des armes qu'à partir de la onzième dynastie. Il était le dieu du nome de Thèbes avant d'être supplanté par Amon, mais il reste le protecteur des forteresses gardant la capitale. Dieu à tête de faucon, il est identifié par l'arc et la hache qu'il tient en main ou par sa coiffure, un soleil supportant deux plumes verticales.

CI-DESSOUS :
MANCHETTE D'AVANT-BRAS DE THOUTMOSIS IV. A GAUCHE, MONTOU DONNE LE GLAIVE DE LA GUERRE AU ROI. TELL EL-AMARNA, VERS 1388 AV. J.-C., STAATLICHE MUSEEN, BERLIN.

MOUT

CI-CONTRE :
LA TRIADE DE
THÈBES :
AMON, MOUT ET
KHONSOU.
TEMPLE
DE RAMSÈS III.

MOUT

La *"Maîtresse du Ciel, Mère du Soleil"* est devenue épouse d'Amon à l'époque thébaine. Elle est représentée comme une reine dont la tête est surmontée d'une couronne, blanche ou double, ou d'un vautour volant. En tant que déesse des combats, elle apparaît sous l'aspect d'une femme à tête de lionne.

NEITH

NEITH

NEITH

Déesse de la guerre et de la chasse originaire de Saïs. Elle précédait le roi dans les combats pour lui "aplanir" le chemin. Elle est également "Maîtresse de l'inondation" et est vénérée à Esneh comme la deuxième épouse de Khnoum. Dans le Fayoum, elle est la mère de Sobek. Elle ajoute à ses activités celle de patronne des Arts, et en particulier du tissage, et celle de déesse du sommeil. C'est à ce titre qu'elle protège les viscères du mort en compagnie d'Isis, de Nephthys et de Selkis. A l'époque gréco-romaine, elle passe pour être la personnification d'Athéna. Elle est représentée avec la couronne rouge sur la tête et tenant en mains deux flèches croisées.

PAGE DE GAUCHE :
LA DÉESSE NEITH
ASSISE.
XXVIe DYNASTIE,
VERS 600 AV. J.-C.,
STAATLICHE
MUSEEN, BERLIN.

À DROITE :
LA DÉESSE NEITH,
XIXe DYNASTIE,
TOMBE DE SÉTHI IER,
THÈBES.

NEKHBET

NEKHBET
Protectrice de la capitale et du roi de la Haute-Egypte. Elle est figurée le plus souvent sous la forme d'un vautour, on l'appelle aussi la "Blanche" et elle préside aux accouchements. Vers la douzième dynastie, elle fut assimilée à Mout, épouse thébaine d'Amon. Elle est souvent représentée avec son équivalent, la déesse Ouadjet.

CI-DESSUS :
PECTORAL
FIGURANT NEKHBET
TENANT DANS
SES GRIFFES
LES SIGNES
CHENOU,
MUSÉE EGYPTIEN
DU CAIRE.

NEPHTHYS

NEMTY
Chargé de faire traverser les dieux d'une rive du fleuve à l'autre, il se fait offrir en retour des cadeaux et se laisse facilement corrompre.

NEPHTHYS
Sœur d'Isis et épouse de Seth. Après l'assassinat d'Osiris par son époux, elle assiste Isis dans sa tâche. Nephthys porte le hiéroglyphe de son nom sur la tête ; il représente un plan de bâtiment surmonté d'une corbeille et signifie *"la Maîtresse du château"*.

CI-DESSOUS :
A L'INTÉRIEUR DU NAOS, ISIS ET NEPHTHYS SE TIENNENT DERRIÈRE OSIRIS.
VERS 1270 AV. J.-C., STAATLICHE MUSEEN, BERLIN.

NOUN

NOUN

Océan primordial dont les eaux ont créé la vie en faisant surgir la colline originelle sur laquelle apparaît Atoum qui crée le Soleil en opposition aux ténèbres de Noun. Ensuite, par l'union avec son ombre, il crée Chou, l'Air, en le crachant, et Tefnet, l'Humidité, en la vomissant. C'est le *"Père des Dieux"* d'où sortit toute vie. Dans la doctrine de Memphis, c'est Ptah qui est à la fois père et mère du monde, la colline primordiale, et qui génère quatre couples de divinités bisexuelles liées à des éléments du cosmos: Noun et Naounet associées aux Eaux primitives, Houh et Haouhet à l'Infini, Kouk et Kaouket à l'Obscurité, Amon et Amaounet à l'Invisibilité. La Terre naît alors d'une fleur de lotus sortant de l'océan primordial sous la forme d'un jeune dieu: Néfertoum.

NOUT

Le Ciel, est figurée parfois par une vache posant ses quatre pattes sur la terre, mais le plus souvent par une femme nue touchant le sol de ses pieds et de ses mains. Parmi les divinités qui peuplent le Ciel, les étoiles, astres, planètes et constellations sont les servantes du dieu solaire qu'elles accompagnent lors de ses déplacements dans la barque solaire. Certaines jouissent d'une grande considération liée au temps des crues et des récoltes comme Sothis ou Sirius et Sah ou Orion. La lune est appelée

NOUT

CI-CONTRE :
NOUT SUR LE PLAFOND DU CAVEAU
FUNÉRAIRE DU PRÊTRE NAKHTAMON
À DEIR EL-MÉDINEH.

CI-DESSOUS :
NOUT VERSE DE L'EAU FRAÎCHE AU
DÉFUNT.

"*œil d'Horus*" et ses phases de croissance et de décroissance sont dues à des blessures périodiques faites par le cruel dieu Seth et soignées régulièrement par Thot, considéré comme le dieu de la Lune.

A l'inverse du Ciel, le Douat est le monde inférieur, le royaume des morts où règne l'obscurité pendant que le monde est éclairé, on y trouve des êtres malfaisants comme le serpent Apophis.

OSIRIS

OSIRIS

Parmi tous les dieux, un seul est aussi important qu'Amon-Rê: c'est Osiris, le dieu des morts. Héros de nombreuses légendes, il apporte aux hommes la culture et l'art de préparer le vin ainsi que l'industrie et l'art, secondé par son épouse Isis, comme lui fille de Nout et de Geb, par Thot, le scribe sacré, par Anubis, le dieu-chacal, et par Oupouaout, le dieu-loup. Mais Osiris a un frère jaloux et violent, Seth, qui finit par le tuer et le couper en quatorze morceaux qu'il disperse dans le pays. Isis parti à la recherche de son époux peut reconstituer le corps qu'Anubis momifie. Ayant pris l'aspect d'un milan, Isis utilise ses dons de magicienne pour redonner la vie au dieu qui aussitôt la féconde, la rendant enceinte d'Horus. Ressuscité, Osiris devient roi dans le monde des morts, laissant la royauté sur terre à son fils. Isis *"allaite Horus dans la solitude"*, cachée dans le delta avec pour compagne protectrice la déesse-cobra Ouadjet. Devenu suffisamment fort, Horus devient le "vengeur de son père" et revendique ses droits sur le trône contre Seth l'usurpateur. Cette interminable bataille met en scène les conflits entre la Haute et la Basse-Egypte des premiers temps historiques. Horus est blessé à l'œil, mais il émascule son oncle; heureusement Thot remet tout en place! Finalement Horus obtient la victoire, fait confirmé par un tribunal divin qui jugea, pendant quatre-vingt ans, de la culpabilité de Seth puis de la valeur des prétentions d'Horus. Ce dernier

DE SON NAOS, OSIRIS REÇOIT NEBQUED SUIVI DE SA MÈRE ET DE SON ÉPOUSE. LIVRE DES MORTS DE NEBQUED, VERS 1320 AV. J.-C., MUSÉE DU LOUVRE, PARIS.

OSIRIS

est confirmé dans son droit et Seth condamné. Horus, successeur de son père, devient le modèle de gouvernement des trente dynasties qui fera la longueur et la grandeur du royaume égyptien.

OSIRIS

En contrepartie de ses déboires, l'imprévisible Seth est adopté par Rê comme son fils et on le voit alors sur la barque solaire tuant rituellement le serpent Apophis.

Osiris est probablement à l'origine un dieu du neuvième nome nommé Andjti. Primitivement, c'est un dieu de la vie végétale incarnant la fécondation, puis le blé dans sa succession infinie de trépas et de renaissances. Il évolue pour absorber d'autres divinités funéraires comme Sokaris à Memphis et Khentamentiou à Abydos. Son royaume devient alors les nécropoles où il préside aux destinées humaines, donne la solution du problème de la mort et prépare le défunt à sa renaissance dans l'au-delà. Assisté de quarante-deux juges divins, il procède au jugement des âmes alors qu'Anubis en assure la pesée. Première de toutes les momies, Osiris porte aussi le nom d'Ounen-Néfer, *"Celui qui est perpétuellement beau"*, protégé de la putréfaction. Il est représenté entouré de bandelettes, portant sur la tête une haute tiare ornée de deux plumes latérales. Sa peau est verte, couleur de la vie végétale, et il tient en main le crochet et le fouet, instruments des pasteurs dont le pharaon a fait les emblèmes du gouvernement. Dans certains endroits, comme à Djédou, son lieu d'origine, il est représenté sous la forme d'un lourd pilier, ou *djed*, que l'on érigeait lors de ses fêtes.

OUADJET

OPHOÏS
"Celui qui ouvre les chemins", le dieu chacal. Il marche à l'avant des processions pour dégager les routes et chasser les éléments hostiles.

OUADJET
Originaire du nord du delta, elle protège la capitale et le souverain de la Basse-Egypte. Elle est représentée sous l'aspect du cobra se dressant et identifiée à l'œil du Soleil, l'*uræus*.

CI-DESSUS :
OUADJET À GAUCHE ET NEKHBET À DROITE COIFFENT LE PHARAON DE LA DOUBLE COURONNE.
TEMPLE D'EDFOU.

PAGE DE GAUCHE :
OSIRIS,
VERS 600 AV. J.-C.,
MUSÉE EGYPTIEN DE VIENNE.

CI-CONTRE :
OUADJET SOUS LA FORME D'UNE LIONNE.

ПТАХ

PTAH

OUPOUAOUT ou OUPOUAT

Couple de dieux, compagnons de lutte d'Osiris, armés d'une massue et d'un arc, et précédant celui-ci au combat. Lorsqu'Anubis est représenté avec un corps de chacal, Oupouaout est *"Celui qui est couché sous son ventre"*. Sinon, c'est lui qui est représenté en chacal dressé sur ses pattes.

PTAH

Dieu le plus vénéré à Memphis depuis la troisième dynastie où il figure souvent en triade avec Sekhmet et Néfertoum. Créateur du monde, *"Maître de l'Eternité"*, *"Père de tous les dieux"*, il est considéré comme le dieu des artisans, le père de l'architecte déifié Imhotep. Après l'épisode d'Aton, il devient le corps d'Amon, Rê étant son visage. Il est encore Ta-Tenen, la personnification de la colline primordiale. Il est toujours représenté sous la forme d'un homme à la barbe royale, à la chevelure courte et plaquée, au corps serré dans un manteau collant, les mains sortant de sa poitrine, ornée d'un collier, pour tenir un sceptre.

STATUE DE PTAH, TROUVÉE DANS LA TOMBE DE TOUTÂNKHAMON,
VERS 1325 AV. J.-C., MUSÉE EGYPTIEN DU CAIRE.

PAGE DE GAUCHE ,
EN HAUT :
PTAH-SOKARIS SOUS LA FORME D'UN FAUCON, SUR UNE BARQUE SURMONTÉ DE L'ŒIL *OUDJAT*.

EN BAS :
PECTORAL PROVENANT DE LA TOMBE DE TOUTÂNKHAMON, REPRÉSENTANT SEKHMET ET SON ÉPOUX PTAH ENTOURANT LE PHARAON. MUSÉE EGYPTIEN DU CAIRE.

RÊ

RÊ

RÊ

Durant tout l'Ancien Empire, le dieu le plus important est celui d'Héliopolis, Rê, le Soleil. Ses nombreuses formes indiquent qu'il était primitivement adoré dans de nombreuses régions qui le représentaient différemment. Son prestige est devenu tel qu'il a "solarisé" de nombreux dieux créateurs et des divinités nomiques pour générer des concepts plus vastes comme Amon-Rê, Atoum-Rê, Khnoum-Rê, Min-Rê, Oupouat-Rê ou encore Rê-Horakhty. Ses représentations sont toutes aussi variées, chacune de ses courses figurant la naissance, la maturité et la mort. Il est représenté en tant que soleil matinal par un jeune veau d'or ou un jeune dieu au visage de scarabée, Khépri, ou un scarabée poussant le disque solaire devant lui. A midi, il est un taureau puissant qui féconde sa mère Nout et engendre un nouveau soleil ou Rê-Horakhty avec sa tête de faucon portant le Disque solaire. Le soir, au terme de sa course, il prend l'aspect d'un vieillard appuyé sur un long bâton: le dieu Atoum d'Héliopolis.

DANS LE SANCTUAIRE DU GRAND TEMPLE,
TAILLÉ DANS LE ROC, FIGURENT RAMSÈS II
ET LES TROIS GRANDS DIEUX
DE L'EMPIRE, AMON-RÊ, RÊ-HORAKHTY ET PTAH.
LA PLACE DE RAMSÈS II L'ÉLÈVE AU RANG
D'UNE DIVINITÉ.
ABOU SIMBEL, XIXᵉ DYNASTIE,
VERS 1260 AV. J.-C.

RÊ

Il voyage à bord de ses deux barques d'or: Mandjet, celle du jour, et Mesektet, celle de la nuit ; il est escorté des étoiles et de divinités qui le défendent contre les nuages et surtout contre le serpent Apophis. Il parcourt ainsi les deux royaumes diurne et nocturne et parfois s'arrête dans son palais du ciel, appelé Akhet, pour y recevoir ses courtisans et le pharaon en compagnie de sa fille Maât. Cette dernière symbolisant la Justice, la Vérité, le Droit souverain, l'Air lumineux et l'ordre du monde, Rê se nourrit d'elle en la respirant.

LE PHARAON MÉREMPTAH REÇOIT DES MAINS DE RÊ-HORAKHTY LA VIE ET LA STABILITÉ FIGURÉES PAR LE SIGNE *ANKH* ET *DJED*.

PAGE DE DROITE, LA DÉESSE SEKHMET.

EN HAUT : TEMPLE DE LOUQSOR.

EN BAS À GAUCHE : TEMPLE DE KARNAK.

EN BAS À DROITE : MUSÉE NATIONAL D'ARCHÉOLOGIE, LISBONNE.

SEKHMET

SATIS OU SATET
Gardienne du district des cataractes. Elle est coiffée de la couronne de Haute-Egypte flanquée de deux grandes cornes de gazelle en forme de lyre. on lui rend un culte à Esneh, Séhel et Philae.

SEKHMET
"La puissante", la déesse du feu, personnifie les effets destructeurs du Soleil. Déesse du carnage et des batailles, elle protège le roi en détruisant ses ennemis. Elle est également responsable des épidémies. Dans la triade de Memphis, elle est l'épouse de Ptah et la mère de Néfertoum, le dieu-lotus. Cette femme à la tête de lionne est aussi la patronne des médecins. Elle est souvent associée à Mout, l'épouse d'Amon, et à Bastet.

SELKIS

SELKIS
Déesse-scorpion que l'on voit toujours associée à Isis et à Nephthys pour protéger les viscères du mort. Elle passe pour être la mère d'Harakhtès et parfois pour la femme d'Horus. Elle est représentée comme un scorpion à tête de femme ou une femme portant un scorpion sur la tête.

SÉCHÂT
Patronne les écritures et les tracés architecturaux. Elle conseille le pharaon dans la construction des temples.

SÉRAPIS OU SARAPIS
Nouveau dieu créé par la dynastie des Lagides. Son nom est une combinaison de Osiris-Apis, forme memphite d'Osiris à l'époque hellénique. Son culte est célébré à Alexandrie. Vers 150 après J.-C.

SETH

PAGE DE GAUCHE :
LA DÉESSE SELKIS,
GARDIENNE
DES VISCÈRES.
TOMBE DE
TOUTÂNKHAMON,
MUSÉE EGYPTIEN
DU CAIRE.

CI-DESSOUS :
LE DIEU SÉRAPIS,
VERS 1500 AP. J.-C.,
MUSÉE
GRÉCO-ROMAIN,
ALEXANDRIE.

SETH

Seth est le plus redouté de ces dieux guerriers, originaire du sixième nome de Haute-Egypte. Il est celui qui répand la terreur, mutile périodiquement la Lune, provoque les tremblements de terre, soulève les tempêtes et gronde dans le ciel. Ce violent amateur de massacres sera plus tard identifié au Baal des Phéniciens et au Typhon des Grecs. Il fut le dieu officiel des envahisseurs hyksôs qui régnèrent durant la Deuxième Période Intermédiaire et à la Basse Epoque, il incarna l'envahisseur perse. Ennemi implacable d'Osiris et d'Horus, assassin et usurpateur, il a parfois un rôle plus positif. Adopté comme fils par Rê, il est le défenseur de la barque solaire. Durant le Nouvel Empire, il fut le défenseur du royaume et protégea les pharaons des dix-neuvième et vingtième dynasties qui prirent son patronyme comme Séthi. C'est encore lui qui enseigne au pharaon le maniement de l'arc en tant que dieu de la force. Il est représenté avec un corps rouge, symbolisant la Terre Rouge du désert stérile, surmontée de la tête d'un animal inconnu qui serait selon les hypothèses un âne, une girafe, un okapi ou une gerboise. Il porte encore une queue raide en flèche ou en épieu.

SOBEK

SOBEK

SOBEK

Fils de la déesse aquatique Neith, Sobek, Sebek ou Soukos est à l'origine une divinité du Fayoum, mais son statut de dieu de l'eau et de l'inondation à tête de crocodile le fait adorer partout dans le delta, dans le Fayoum et jusqu'à Kôm Ombo où il a Hathor pour épouse.

CI-DESSUS :
LE DIEU-CROCODILE
REPRÉSENTÉ
COMME UNITÉ
DE TEMPS

CI-CONTRE :
AMÉNOPHIS III
RECEVANT DE
SOBEK LA CROIX DE
VIE *ANKH*.
MUSÉE DE LOUQSOR

SOKARIS

SOKARIS
Dieu des morts à Memphis où il veille plus particulièrement aux portes d'entrée du monde des morts. Il fut assez rapidement absorbé par Ptah pour devenir Ptah-Sokaris puis, après la victoire d'Osiris sur les dieux funéraires, il devint Ptah-Sokar-Osiris, Sokar étant le dieu des nécropoles, on le représente sous la forme d'un homme momifié ou assis, à tête de faucon.

TEFNOUT
Sœur et épouse de Chou avec lequel elle forme le premier couple engendré par le démiurge. Déesse lionne, elle incarne aussi, comme Sekhmet, l'œil du soleil.

THOT
Dieu d'Hermopolis Magna. Il est qualifié de *"Langue d'Atoum"* par les prêtres qui le considèrent comme l'inventeur du langage parlé et écrit. Ce *"seigneur des paroles divines"* connaît encore des formules magiques auxquelles les dieux ne peuvent pas résister. Il est l'Intelligence et la Parole qui créent l'univers dans la doctrine d'Hermopolis, le comptable des dieux, le dieu des scribes et celui des magiciens. Outre ces nombreuses

AU CENTRE, SUIVI D'HORUS ET DE SOBEK,
THOT, SOUS LA FORME D'UN FAUCON SURMONTÉ
DU DISQUE SOLAIRE
TIENT EN MAIN LE BÂTON À ENCOCHES
DES SCRIBES DU CADASTRE,
TEMPLE DE KÔM OMBO.

THOT

THOT

charges, il est encore le dieu-guérisseur de la Lune, régulateur du Temps, le grand vizir de Rê à Héliopolis, le protecteur du mort au moment du jugement osirien. Il est généralement représenté sous l'aspect d'un homme à tête d'ibis ou d'un babouin pensif et parfois d'un homme à tête de taureau. Il peut aussi porter les cornes du bélier d'Amon ou de Khnoum. Ses deux épouses le secondent dans ses tâches. L'une d'elle, Néhemet Aouaï, est déesse de la Loi et de la Justice; elle lui a donné un fils: Nefer-Her. L'autre, la plus importante, est Séchat, *"Celle qui écrit"*, protectrice des livres, des bibliothèques et archiviste des Annales. A la Basse Epoque, Thot devient un dieu cosmique universel : l'Hermès Trismégiste des Grecs.

THOT

THOT EN IBIS SACRÉ ÉCOUTANT NÉFERTITI RÉCITER LES FORMULES MAGIQUES POUR OBTENIR LA PALETTE DE SCRIBE.

PAGE DE GAUCHE : THOT, PROTECTEUR DES SCRIBES, MUSÉE EGYPTIEN DU CAIRE.

EN BAS LE DIEU THOT EN FORME DE BABOUIN AVEC LE SCRIBE NEBMERTOUF, MUSÉE DU LOUVRE, PARIS.

THOUERIS

THOUÉRIS

Dont le nom signifie *"La grande"*, a la tête et le corps d'un hippopotame mais son dos se rapproche de celui du crocodile et ses pattes de celles d'un lion. Debout, elle s'appuie sur le nœud magique *"ankh"*, symbole de vie. Elle préside à l'accouchement et symbolise la fécondité. Elle apparaît comme une divinité protectrice de la mère et de l'enfant.

CI-DESSOUS :
LA DÉESSE THOUÉRIS
VERS 664-61 AV. J.-C.,
MUSÉE EGYPTIEN DU CAIRE.

ACCOUCHEMENT
INSTRUMENTS CHIRURGICAUX
BAS-RELIEF DE KÓM OMBO.

Compogravure : Minerve Compogravure - Châtel-Censoir
Impression, brochage : PPO - Pantin